Fundamentos da ética

Fundamentos da ética

2ª edição

Antonio Djalma Braga Junior
Ivan Luiz Monteiro

Rua Clara Vendramin, 58 . Mossunguê
CEP 81200-170 . Curitiba . PR . Brasil
Fone: (41) 2106-4170
www.intersaberes.com
editora@intersaberes.com

Conselho editorial
Dr. Alexandre Coutinho Pagliarini
Dr³. Elena Godoy
Dr. Neri dos Santos
M³. Maria Lúcia Prado Sabatella

Editora-chefe
Lindsay Azambuja

Gerente editorial
Ariadne Nunes Wenger

Assistente editorial
Daniela Viroli Pereira Pinto

Edição de texto
Monique Francis Fagundes Gonçalves

Capa
Denis Kaio Tanaami (*design*)
Sílvio Gabriel Spannenberg (adaptação)
Everett Collection/Shutterstock (imagem)

Projeto gráfico
Bruno Palma e Silva

Diagramação
Renata Silveira

Dados Internacionais de Catalogação na Publicação (CIP)
(Câmara Brasileira do Livro, SP, Brasil)

Braga Junior, Antonio Djalma
    Fundamentos da ética / Antonio Djalma Braga Junior, Ivanildo Luiz Monteiro Rodrigues dos Santos. -- 2. ed. -- Curitiba, PR : Editora InterSaberes, 2023. -- (Série estudos de filosofia)

    Bibliografia.
    ISBN 978-85-227-0687-7

    1. Ética – Estudo e ensino I. Santos, Ivanildo Luiz Monteiro Rodrigues dos. II. Título. III. Série.

23-155635   CDD-170

Índices para catálogo sistemático:
1. Ética : Filosofia   170

Eliane de Freitas Leite – Bibliotecária – CRB 8/8415

1ª edição, 2016.
2ª edição, 2023.

Foi feito o depósito legal.

Informamos que é de inteira responsabilidade dos autores a emissão de conceitos.

Nenhuma parte desta publicação poderá ser reproduzida por qualquer meio ou forma sem a prévia autorização da Editora InterSaberes.

A violação dos direitos autorais é crime estabelecido na Lei n. 9.610/1998 e punido pelo art. 184 do Código Penal.

sumario

prefácio, ix
apresentação, xiii
organização didático-pedagógica, xix
introdução, xxiii

parte 1   Conceitos iniciais, 30

1

A existência ética, 34

    1.1 O período axial e a formação dos primeiros códigos morais, 36

    1.2 Conceitos para a análise da relação entre ética e moral, 39

parte 2   A ética na história, 56

Ética antiga, 60
2.1 Sócrates e a fundamentação da ética no Ocidente, 62
2.2 A ética platônica, 66
2.3 A ética aristotélica, 73
2.4 A ética epicurista, 79
2.5 A ética estoica, 85

Ética medieval, 96
3.1 A ética de Agostinho, 99
3.2 A ética de Tomás de Aquino, 104

Ética moderna, 114
4.1 Maquiavel e a ética de consequências, 118
4.2 Hume e os sentimentos morais, 123
4.3 A ética iluminista, 128

Ética contemporânea, 146
5.1 A ética de Nietzsche, 149
5.2 A ética de Freud, 157
5.3 A ética de Sartre, 167

parte 3   Problemas éticos atuais, 178

Ética, direitos humanos e cidadania, 182
6.1 A história dos direitos humanos, 184
6.2 O que são os direitos humanos, 189
6.3 A cidadania baseada nos direitos humanos, 193

 *Bioética, 204*
    7.1 Bioética e aborto, 210
    7.2 Bioética: início e fim da vida humana (clonagem, pesquisas com células-tronco e eutanásia), 215
    7.3 Bioética: inseminação artificial, criogenização e fertilização *in vitro*, 224

considerações finais, 237
lista de abreviaturas relacionadas ao trabalho de Kant, 239
referências, 241
bibliografia comentada, 251
respostas, 253
sobre os autores, 267

prefácio

Sócrates, *talvez por* confiar na tradição oral, bastante comum em sua época, não deixou nenhum escrito, preferindo viver até as últimas consequências, de forma coerente, o que defendia, pois acreditava ser a escrita o disfarce do pensamento e a fala a mais pura expressão do conteúdo da alma. Essa característica socrática se tornou uma referência ética, pois, ao se identificar a alma humana com a capacidade racional e moral do homem, percebe-se que ela é a responsável pela produção da virtude, ou seja, do melhor que o homem pode alcançar em sua vida. Isso porque ele age mal por não conhecer o bem, por ignorância. O homem racional é aquele que reúne as disposições necessárias para conhecer a virtude e agir bem no sentido moral.

Afirmadas as necessidades de liberdade e de redemocratização no passado recente do Brasil (esquecidas durante os anos de chumbo da ditadura) ou, ainda, tomando o que Sartre teria concluído sobre a liberdade quando esteve na condição de prisioneiro do nazismo, nós, estudiosos e pesquisadores, falamos, escrevemos e estudamos sobre algo justamente quando ele é subtraído de nós, caiu em esquecimento ou está fora de uso.

Tal como acontece nos casos em que faltam a democracia ou a liberdade, com a ética parece não ser diferente, e é nessa seara que Antonio Djalma e Ivanildo Monteiro corajosamente se lançam à elaboração de uma obra que recoloca o problema ético de maneira muito precisa em um contexto em que isso se mostra urgente.

É bem verdade que esse assunto é recorrente e muitas vezes abordado de forma distorcida, como mostram algumas pesquisas realizadas com livros didáticos de filosofia, especificamente quanto ao tratamento dispensado nessas obras ao conteúdo da ética e da moral, o que nos leva à conclusão de que há uma grande confusão em relação ao tema, pois as reflexões correspondem, invariavelmente, a um modelo ético desastroso, homogeneizante, negador da pluralidade e da diversidade as quais a ética deveria afirmar.

A obra aqui apresentada percorre um caminho diverso do quadro exposto anteriormente, pois seus autores procuram desenvolver o alargamento da compreensão do objeto da ética mediante a subdivisão do tema em três partes fundamentais, a saber: os principais conceitos que envolvem o assunto; as contribuições dos principais autores e suas respostas aos conflitos de cunho ético que enfrentaram em seu tempo; e, por fim, os principais conflitos éticos vivenciados na atualidade.

Assim, os autores se esforçam em desfazer os equívocos e as confusões dos livros didáticos do passado, nos quais o modelo de uma vida ética passava necessariamente pela afirmação de alguns conceitos conservadores, tais como a masculinidade, a ocidentalidade, a cristandade e o consumismo.

Por meio de uma abordagem de caráter histórico, sem juízos e escolhas prévias, sem modelos universalizantes e discriminatórios, resultado da formação filosófica pluralista de ambos os autores, que foram capazes de transitar durante sua formação acadêmica por filósofos e temáticas tão diversos, passando de Nietzsche a Kant, sem se perderem teoricamente, Antonio Djalma e Ivanildo Monteiro têm o mérito de apresentar a nós uma obra que contribuirá enormemente para aqueles que buscam iniciar ou aprofundar o estudo da ética, tão premente em nossos dias.

Prof. Ms. Bernardo Kestring
Professor de História da Rede Pública do Estado do Paraná e das disciplinas de Introdução à Filosofia e Hermenêutica em instituições de ensino superior

apresentação

Nunca se falou tanto no tema da ética. É certo que isso se deve ao fato de os meios de comunicação na atualidade serem muito mais eficientes na tarefa de disseminar informações e ideias entre um maior número de pessoas; é certo também que essa eficiência propiciou a divulgação de uma série de escândalos e conflitos ocorridos em diferentes setores da sociedade, como política, economia e cultura.

Contudo, o fato de as pessoas falarem de ética nem sempre significa que elas saibam, de fato, o que é ética, quais suas características e aplicações. Ao afirmarmos isso, não queremos insinuar a ideia de que a falta de conhecimento especializado nessa área do saber impeça que as pessoas tratem do assunto em seu cotidiano. Entendemos, porém, que, para avançar na discussão sobre ética, é importante ao menos distinguir entre a concepção de ética no senso comum e aquela que pretendemos abordar neste livro. Nossa intenção é justamente contribuir para que estudiosos das mais variadas áreas interessados no assunto possam conhecer os fundamentos da ética com uma profundidade que vá além do senso comum.

Para melhor atingir esse intento, organizamos este livro em três partes. Na primeira, constituída pelo primeiro capítulo, temos o objetivo de demonstrar que a ética está presente em nosso dia a dia, em nossas ações e emoções, e que existem alguns critérios para considerarmos uma ação ética e moral. Buscamos examinar esses critérios e também outros conceitos que nos ajudam a compreender a complexidade desse assunto.

Na segunda parte do livro, composta pelo segundo, terceiro, quarto e quinto capítulos, fazemos uma incursão pela história do pensamento filosófico para esclarecermos como cada pensador, inserido em seu contexto histórico e vivenciando problemas de ordem moral específica, procurou, a seu modo, realizar uma reflexão ética.

Assim, no segundo capítulo, destacamos a contribuição da Grécia e da Roma antigas para o campo da ética e apresentamos algumas reflexões elaboradas por Sócrates (o grande precursor do estudo da ética no mundo grego), seu discípulo Platão, o estagirita Aristóteles, o helenista Epicuro e os estoicos.

No terceiro capítulo, analisamos a proposta ética que surgiu na Idade Média por meio da colaboração de Agostinho de Hipona e Tomás de

Aquino, os quais, com o auxílio do pensamento cristão que perdurou por toda a medievalidade, ao promoverem debates envolvendo a fé, a razão e os valores do cristianismo, ganharam destaque por elaborarem uma ética, ou filosofia moral, que até hoje é considerada base para a ética cristã.

No quarto capítulo, nosso foco são as reflexões que surgiram na modernidade. Tomamos o cuidado de demonstrar, de maneira sucinta, as principais transformações políticas, econômicas, culturais e sociais do período para identificar como os pensadores modernos procuraram, em suas análises sobre a ética, entender quais valores morais deveriam ser colocados como finalidade em uma sociedade europeia que estava vivenciando uma série de mudanças nos mais variados setores. Inicialmente, examinamos as contribuições da ética de consequências formulada por Nicolau Maquiavel, proposta que serviria como contraponto à proposta da ética cristã e seria utilizada especialmente no campo da política; dito de outro modo, podemos afirmar que ética de Maquiavel é voltada para a vida política. Na sequência, destacamos uma ética baseada em um ideal não racional, uma ética das emoções, elaborada pelo filósofo escocês David Hume. Por fim, considerando os acontecimentos que caracterizaram a modernidade, lançamos nosso olhar para o período que ficou conhecido como *Iluminismo (ou Esclarecimento)*, principalmente no que tange ao pensamento do filósofo alemão Immanuel Kant, que formulou uma reflexão ética deontológica (baseada no dever) e nos serve de base para compreendermos diversas aplicações da ética na contemporaneidade.

No quinto capítulo, encerramos nossa abordagem sobre a ética na história. Concentramos nossa análise nas contribuições de alguns pensadores contemporâneos que ganharam destaque nos ambientes acadêmicos do fim do século XIX e início do século XX em virtude de alguns aspectos singulares. Desse modo, tratamos do pensamento de Friedrich Nietzsche, Sigmund Freud e Jean-Paul Sartre. O primeiro elaborou uma análise sobre os padrões morais de seu tempo por meio de uma genealogia da moral, buscando desvelar as verdades em torno da ética e de alguns conceitos próprios dessa área do conhecimento. Freud descreveu em suas obras algumas de suas descobertas na área da psicanálise, relacionadas ao funcionamento de nossas instâncias mentais, detendo-se, de maneira especial, na análise sobre o inconsciente e as consequências dessas descobertas para o campo da ética e da moral. Sartre, por sua vez, ganhou destaque ao contribuir enormemente para fundamentar a corrente que ficou conhecida como *existencialismo*, mediante a definição de conceitos como liberdade, má-fé, angústia, responsabilidade e existência.

Na terceira parte do livro, constituído pelo sexto e sétimo capítulos, buscamos enfatizar alguns aspectos práticos que envolvem o tema da ética, seja em sua relação com as tecnologias que surgiram nos últimos tempos e ampliaram nossa capacidade de ação no mundo como um todo, seja no que se refere a alguns valores que se pretendem universalmente válidos, como é o caso dos direitos humanos.

Dessa forma, no sexto capítulo, realizamos um percurso pela história dos direitos humanos – tema que ganhou maior expressão na modernidade, com a formação dos Estados modernos e suas tentativas de inserir nas constituições nacionais elementos morais válidos para todos os cidadãos e que deveriam servir de princípio regulador das ações dos homens na sociedade. A discussão desse tema chegou ao seu apogeu no fim da Segunda Grande Guerra, com a criação da Organização das Nações Unidas (ONU) e a promulgação da *Declaração Universal dos Direitos Humanos*. Como essa visão histórica, procuramos evidenciar quais são as relações desses direitos como o tema da ética.

No sétimo e último capítulo, tratamos da temática que envolve a ética em suas relações com as tecnologias de que dispomos atualmente e, sobretudo, da bioética, uma ética da vida, em seus mais variados campos de atuação, que passa pelas análises de temas polêmicos na atualidade, como aborto, pesquisas com células-tronco, clonagem, eutanásia, fertilização *in vitro* e a capacidade da engenharia genética de manipular os genes e criar outros organismos vivos.

Ao abordarmos esses conteúdos, também convidamos você, caro leitor, a aprofundar ainda mais seus conhecimentos acerca dessa temática, complementando seus estudos com a leitura das obras dos autores utilizados como referência, pois, embora nosso objetivo aqui seja realizar uma análise introdutória às reflexões éticas, entendemos ser importante que você não se atenha a essa análise e procure outras fontes que julgamos confiáveis e que lhe permitirão o esperado aprofundamento, uma aprendizagem que facilitará a vivência e a aplicação da ética em seu dia a dia.

Aproveite a leitura!

organização
didático-pedagógica

Esta seção tem a finalidade de apresentar os recursos de aprendizagem utilizados no decorrer da obra, de modo a evidenciar os aspectos didático-pedagógicos que nortearam o planejamento do material e o modo como o aluno/leitor pode tirar o melhor proveito dos conteúdos para seu aprendizado.

Introdução do capítulo

Logo na abertura do capítulo, você é informado a respeito dos conteúdos que nele serão abordados, bem como dos objetivos que os autores pretendem alcançar.

Síntese

Você conta, nesta seção, com um recurso que o instigará a fazer uma reflexão sobre os conteúdos estudados, de modo a contribuir para que as conclusões a que você chegou sejam reafirmadas ou redefinidas.

Atividades de autoavaliação

Com estas questões objetivas, você tem a oportunidade de verificar o grau de assimilação dos conceitos examinados, motivando-se a progredir em seus estudos e a se preparar para outras atividades avaliativas.

Atividades de aprendizagem

Aqui você dispõe de questões cujo objetivo é levá-lo a analisar criticamente determinado assunto e aproximar conhecimentos teóricos e práticos.

Bibliografia comentada

Nesta seção, você encontra comentários acerca de algumas obras de referência para o estudo dos temas examinados.

introdução

Falar sempre a verdade e não mentir... Pagar aos outros o que se deve... Alguém poderá discordar de tais preceitos? Será que há alguma situação em que eles podem parecer justos e injustos ao mesmo tempo?

Em sua célebre obra A república, Platão (2001, p. 9), um dos mais importantes filósofos de toda a história, procurou demonstrar como esses valores estão relacionados ao ideal de justiça defendido por um dos interlocutores do seu grande mestre, Sócrates, sintetizando esse ideal no seguinte diálogo:

— *Falas maravilhosamente, ó Céfalo* — *disse eu [Sócrates]*. — *Mas essa mesma qualidade da justiça, diremos assim simplesmente que ela consiste NA VERDADE e em RESTITUIR AQUILO QUE SE TOMOU DE ALGUÉM, ou diremos antes que essas mesmas coisas, umas vezes é justo, outras injusto fazê-las? Como este exemplo: se alguém recebesse armas de um amigo em perfeito juízo, e este, tomado de loucura, lhas reclamasse, toda a gente diria que não se lhe deviam entregar, e que não seria justo restituir-lhas, nem tão pouco consentir em dizer toda a verdade a um homem nesse estado.*
— *Dizes bem [disse Céfalo].*
— *Portanto, não é esta a definição de justiça: dizer a verdade e restituir aquilo que se tomou.* (Platão, 2001, p. 9, grifo nosso)

Com esse exemplo simples, Platão problematizou, por meio de Sócrates, uma questão que vemos em pauta ainda hoje em nosso dia a dia: certos valores, como falar a verdade e pagar o que se deve, poderiam ser tomados como valores universais justos, válidos para todos os casos particulares?

Suponha que você, morando na zona rural, toma emprestada de seu vizinho uma espingarda para treinar tiro ao alvo. À noite, você percebe que seu vizinho, dono da espingarda, está muito alterado emocionalmente e vem até a sua casa para lhe dizer que sua esposa o havia traído e que, por isso, ele precisa da espingarda que havia emprestado a você. Seria justo entregar a espingarda ao vizinho? Segundo a definição dada por Céfalos, sintetizada por Sócrates no diálogo de Platão anteriormente citado, a justiça se resume a dar a cada um o que lhe é devido.

Nesse sentido, sendo a espingarda propriedade do seu vizinho, seria justo restituir-lhe o que é dele por direito, mesmo sabendo que, por conta do estado emocional em que ele se encontra, poderá pegar a arma e matar a esposa ou outra pessoa? Diante de situações com esse contorno, a definição de que é justo sempre falar a verdade e restituir a cada um o que lhe é devido nem sempre é fácil de ser colocada em prática, pois pode entrar em conflito com outros valores, como o de uma vida humana, que, no caso em questão, poderá ser perdida caso você entregue a arma ao seu dono.

Imagine ainda que você esteja vivendo em um país que está passando por diversas transformações políticas. Elas causam uma série de conflitos entre policiais e civis. Em um momento de choque entre eles, um dos manifestantes foge para dentro de sua casa para se esconder de policiais furiosos. Tudo acontece muito rápido e você não tem oportunidade de processar direito o que está acontecendo. O fato é que o manifestante está ali, escondido em sua residência, quando então chega um policial e pergunta se você viu determinado manifestante, considerado pelo policial como um fora da lei que merece a morte. Você sabe que, se falar a verdade para o policial, ele matará o manifestante ali mesmo, no exato momento em que o vir. O que você faria em uma situação dessas: falaria a verdade e permitiria que o policial matasse o manifestante ou mentiria para preservar a vida do rapaz que está escondido? Qual valor deve prevalecer: falar a verdade ou preservar uma vida humana?

Também podemos perceber conflitos dessa natureza, quando um pai ou uma mãe, desesperados por salvar o filho da fome, decidem roubar; quando um soldado, cumprindo ordens, acaba tendo de puxar o gatilho de sua arma para ferir ou matar civis; quando pessoas que passam uma imagem de caridosas quando estão em uma igreja, mas em suas residências demonstram ações altamente contraditórias com essa imagem e fazem com que pessoas as julguem de maneira desonrosa; quando um ente querido está em estado vegetativo no hospital e os médicos aconselham os familiares a desligar os aparelhos por não haver mais esperança de recuperação da saúde do paciente por conta de uma grave doença; quando jovens, que têm uma vida inteira pela frente, ao terem relações sexuais, acabam engravidando e pensam na hipótese de um aborto; quando a ciência pode curar, por meio de células-tronco embrionárias, um indivíduo que poderia ficar tetraplégico em decorrência de um acidente, mas seus princípios religiosos o levam à crença de que tais embriões são considerados vidas humanas e por isso não deveriam ser sacrificados; entre outros casos.

Em situações como essas, nem sempre temos uma visão clara e precisa do que é certo ou errado ou do que realmente devemos fazer, qual caminho devemos tomar, o que é justo ou injusto fazer. Em todas essas circunstâncias, deparamo-nos com algum problema prático próprio da vida humana, o qual não diz respeito apenas aos indivíduos citados, podendo envolver inúmeras outras pessoas e a sociedade como um todo.

Diante disso, presenciamos diariamente atitudes e comportamentos de diferentes pessoas para tentar solucionar esses conflitos; ao mesmo tempo, há observadores que julgam esses atos e comportamentos como bons ou maus, justos ou injustos, certos ou errados. Esse julgamento, que é a emissão de um juízo de valor sobre situações consideradas morais na sociedade, é uma forma de valoração que todos nós praticamos, tomando sempre como base aquilo que entendemos e incorporamos como valor: um valor moral.

Neste ponto, caro leitor, apresentamos uma definição essencial que envolve a temática e servirá de base para todo o desenvolvimento deste livro: **moral** é um conjunto de normas, regras, valores e costumes que rege uma sociedade ou um grupo de indivíduos. Essas normas, regras, valores e costumes são considerados os parâmetros do nosso juízo sobre os fatos, os acontecimentos e os comportamentos dos homens diante de situações como as descritas anteriormente. O objetivo da moral é normatizar as ações dos indivíduos de um agrupamento humano. Ela apresenta algumas características interessantes, que descrevemos na sequência.

A moral, por se referir ao conjunto de valores de um grupo de indivíduos, tem de ser pensada com base em seu caráter histórico. Em outras palavras, assim como os diversos agrupamentos humanos variam ao longo da história, os valores morais também se alteram. Portanto, temos uma primeira característica da moral: ela é relativa a um grupo de indivíduos. Se o grupo muda, a moral pode mudar também. Por isso, Adolfo Sánchez Vázquez (2014, p. 37), em seu livro *Ética*, afirma: "pode-se falar da moral da Antiguidade, da moral feudal própria da Idade Média, da moral burguesa na sociedade moderna etc. Portanto, a moral é um fato histórico [...]". Essa característica histórica e relativa da moral se define pelo fato de que os seres que a produzem são históricos também, conforme ressalta o autor:

> Mas a moral é histórica precisamente porque é um modo de comportar-se de um ser – o homem – que por natureza é histórico, isto é, um ser cuja característica é a de estar-se fazendo ou se autoproduzindo constantemente tanto no plano de sua existência material, prática, como no de sua vida espiritual, incluída nesta moral.
>
> (Vásquez, 2014, p. 37)

Diante dessa primeira caracterização da moral, como histórica e relativa, podemos analisar como os filósofos e pensadores, ao longo da história, refletiram sobre o conjunto de normas, regras, valores e costumes de cada povo, em cada contexto histórico. Ao ponderarmos sobre essa questão, temos a definição de mais um conceito fundamental para nossos estudos na área: **ética** é uma reflexão que fazemos sobre os vários padrões morais instituídos pelas diversas culturas e sociedades dos mais variados períodos e contextos históricos. Ser ético, portanto, é refletir sobre os valores que permeiam as sociedades, sejam do nosso tempo, sejam dos tempos antigos. Assim, quando buscamos identificar os princípios e os fundamentos que estão na base dos valores morais, quando nos questionamos sobre o porquê da existência desses valores, estamos sendo éticos.

São questões como essas, leitor, que procuramos examinar neste livro, de modo a esclarecer os fundamentos da ética não apenas em seu sentido conceitual, mas também em seu sentido prático.surge a angústia como uma companheira fiel em sua caminhada rumo à liberdade extrema que deve experimentar em toda e qualquer decisão.

Parte 1

Conceitos iniciais

Nesta *primeira parte* do livro, temos como objetivo esclarecer conceitos básicos que fundamentam uma análise mais detalhada da ética na história e, sobretudo, na atualidade. Veremos como, desde a criação dos primeiros códigos morais, a ética se faz presente para gerenciar conflitos e problematizar valores.

Desse modo, além de provar a existência da ética de maneira objetiva, buscaremos também apresentar uma conceituação inicial cuja compreensão é importante para que, você, leitor, possa entender mais claramente os conteúdos que serão desenvolvidos nas demais partes da obra.

1

A existência ética

A o longo da história, diversas foram as tentativas de estabelecer os princípios e os fundamentos da moral vigente. Do ponto de vista didático, podemos destacar uma data de início para essas reflexões, a qual, de certa forma, constituiu um marco na historiografia da ética e da moral. Essa data, entendida como uma divisora de águas de toda a evolução histórica que permeia a formação dos padrões morais, deu início ao chamado período axial. Neste capítulo, veremos quais são as características desse período e em que consiste a teoria axial, que marca o início da criação dos grandes códigos morais que conhecemos e ainda hoje nos influenciam de uma forma ou de outra. Apresentaremos também alguns conceitos que fundamentam a existência da ética em nosso cotidiano e que, sobretudo, ajudam a estruturar nossas reflexões sobre essa temática.

1.1
O período axial e a formação dos primeiros códigos morais

O *período axial* é assim denominado por referir-se ao período em que a humanidade formou seu eixo histórico (a palavra *axial* é relativa a eixo, àquilo que pertence a um eixo essencial), uma linha divisória fundamental para entendermos o processo de desenvolvimento histórico dos homens. Fabio Konder Comparato (2006), em sua obra *Ética: direito, moral e religião no mundo moderno*, explica que esse período corresponde ao momento histórico entre os séculos VI e IV antes da Era Cristã. Segundo sua descrição, naquele período coexistiram alguns dos maiores doutrinadores de todos os tempos em diversas regiões do mundo, sem aparentemente se comunicarem entre si: "Zaratustra na Pérsia, Buda na Índia, Lao-Tsé e Confúcio na China, Pitágoras na Grécia e o Dêutero-Isaías em Israel. Todos eles, cada um a seu modo, foram autores de visões do mundo a partir das quais se estabeleceu a grande linha divisória histórica" (Comparato, 2006, p. 38). Isso fez com que o período se tornasse o eixo da história da humanidade, quando acontece uma ruptura no modo de compreender o mundo e o homem. Nesse momento histórico, "as explicações mitológicas anteriores são abandonadas e o curso posterior da História passa a constituir um longo desdobramento das ideias e princípios expostos durante esse período" (Comparato, 2006, p. 38). O período entre os séculos VI e IV a.C. marca, portanto, o período axial da humanidade, muito embora Comparato observe, ainda, que é possível perceber alguns indícios desse período alguns séculos antes – com Homero, o grande poeta grego, no século VIII a.C, mesmo período em que surgiram os profetas de Israel, como Isaías – e que ele durou até o surgimento de Maomé, fundador da última grande religião monoteísta, o islamismo, no século VI da Era Cristã.

Um fato importante a ser destacado no período axial é o surgimento da filosofia, no século V a.C., quando, pela primeira vez, o saber mitológico foi perdendo espaço para o saber racional. Com efeito, as religiões voltaram-se muito mais às reflexões éticas e abandonaram suas características fantasiosas e ritualísticas. Isso teve um impacto não somente no campo ético, mas também na **política** – os antigos governantes eram também sacerdotes do povo e, com o declínio das crenças, o objetivo da política deixou de ser agradar as divindades, passando a concentrar-se em satisfazer os interesses terrenos, do povo – e na **economia**. Assim, foi nesse período que surgiu a moeda e com ela o florescimento do comércio, com as grandes trocas comerciais promovidas graças às navegações marítimas e ao contato com outros povos.

Até o surgimento do período axial, as crenças dominavam as diversas áreas da vida social, inclusive a ética. A partir desse momento, o mundo todo passou por transformações sociais nunca vistas antes, e a vida ética começou a ser pensada de maneira desvinculada das características mitológicas. Comparato (2006, p. 41) destaca que

> A partir do período axial, igualmente, no mundo todo, mas de modo mais profundo e em ritmo mais célere nas civilizações da bacia do Mediterrâneo, observa-se uma evolução em sentido inverso: os agrupamentos locais tendem a se aproximar uns dos outros pela difusão dos meios técnicos, a prática das relações de comércio e a ambição política de conquista, enquanto os componentes da vida ética – a religião, a moral e o direito – começam a apresentar, internamente, uma tendência à desconexão.

Essa tendência à desconexão à qual Comparato faz referência se deu por conta da filosofia e do surgimento das religiões conhecidas como *universais*, como as monoteístas e as budistas. Essas características históricas mostram que houve uma tentativa de buscar um fundamento para a ética de cunho **universal** e **transnacional** (Comparato,

2006, p. 41), com a diferença essencial de que a filosofia, no período do seu surgimento, procurava demonstrar que as religiões não passavam de um fenômeno puramente humano, com predicados fantasiosos e ilógicos, ao passo que os adeptos do monoteísmo missionário (não o monoteísmo pregado originalmente pelos judeus) e do budismo procuravam defender que os homens deveriam curvar-se às leis divinas e construir uma sociedade que tivesse em sua organização social um alicerce puramente religioso.

Esse momento histórico, reconhecido pelos estudiosos como um período que serve de eixo para as transformações na forma de organização das sociedades antigas, configura o início da tentativa de criação de códigos morais válidos universalmente. Foi assim que as religiões monoteístas, como o judaísmo, o cristianismo e o islamismo, se constituíram e é por isso que, ainda hoje, acabam entrando em conflitos sobre quais valores devem ser universalizados e tomados como certos, válidos, justos, bons etc.

A tarefa de um estudioso da ética é, sem dúvida, buscar os fundamentos que estão na base da criação desses códigos morais e refletir sobre o porquê desses valores, suas origens e, ainda, se eles têm validade nos tempos atuais. Uma vez que façamos isso, estaremos realizando uma reflexão ética, estaremos sendo éticos.

Desse modo, antes de passarmos para as análises realizadas pelos diversos pensadores sobre os padrões morais instituídos nos diferentes períodos históricos, é necessário compreender ainda mais alguns conceitos que permeiam reflexões desse tipo e que servirão de apoio para as próximas etapas do nosso empreendimento.

1.2
Conceitos para a análise da relação entre ética e moral

Alguns conceitos são fundamentais para demonstrarmos a existência da ética e da moral: senso moral e consciência moral, constituintes do campo ético; relatividade e subjetividade dos valores morais; dever e liberdade; autonomia; entre outros. Além disso, podemos falar de uma proposta de reflexão ética no cotidiano, nos negócios; uma reflexão ética voltada para o meio ambiente, para os direitos humanos, para a política; uma reflexão ética em sua relação com a violência na sociedade e a tentativa de diminuir ou erradicar de vez essa violência (moral, física, emocional etc.).

Diante disso, caro leitor, optamos por subdividir esta seção para organizar melhor o desenvolvimento e o esclarecimento dos conceitos que julgamos serem de fundamental importância para a discussão sobre a ética e a moral. Em grande parte, essa subdivisão é uma tentativa de apresentar uma síntese dos conteúdos encontrados em alguns dos principais manuais de filosofia publicados no Brasil, que contemplam o tema da ética e que de certa forma vêm sendo trabalhados nos ambientes escolares e acadêmicos como uma introdução ao pensamento filosófico e ético para todos os estudantes que pretendem ser iniciados nas discussões sobre o tema. Portanto, ao longo das explicações, vamos nos remeter a autores como Marilena Chaui, Maria Lúcia de Arruda Aranha, Maria Helena Pires Martins, Gilberto Cotrim, Mirna Fernandes e Gabriel Chalita, que produziram obras introdutórias ao pensamento filosófico e servem de base para uma iniciarmos os estudos sobre a ética. Ao mesmo tempo, vamos nos servir de obras específicas da ética e que cremos serem indispensáveis para nossa análise, como as de Adolfo Sánchez Vázquez e Fabio Konder Comparato.

1.2.1 Senso moral e consciência moral

Os conceitos que aparecem no título deste tópico ajudam a entender e provar a existência de um universo moral e ético em todo e qualquer ser humano. Antes de explicarmos esses conceitos e definirmos as diferenças entre eles, é importante lembrarmos que eles apresentam algumas características em comum: ambos remetem a uma ideia de bem e mal, justo e injusto, certo e errado; ambos demonstram que, diante de certas situações, a moralidade nos ajuda a emitir juízos de valor que nos permitem avaliar a situação de acordo com o que entendemos ser benéfico para a sociedade e para as pessoas.

No entanto, como já mencionamos anteriormente, esses valores morais não são universais, pelo contrário, são relativos a um grupo de pessoas, a uma sociedade ou a uma cultura específica. Em outras palavras, queremos mostrar que cada sociedade institui para si valores que acha convenientes, com fundamentações diversas (seja uma fundamentação teórica de base fundamentalista, apoiando-se em um livro sagrado como a Bíblia, o Alcorão e o Triptaka, seja uma fundamentação baseada em algumas leis consideradas naturais, seja uma fundamentação baseada em um princípio democrático e racional). Esses valores são considerados norteadores das ações humanas em determinados grupos. Diante deles, cada ser humano se indigna ou se felicita com situações diversas, dependendo da compreensão dos valores envolvidos na situação.

Para melhor esclarecermos essa ideia, vejamos alguns exemplos. Primeiramente, observe a imagem a seguir:

Quando se depara com imagens de situações de fome, como a vivenciada pelas crianças das fotos, o que você sente?

Muitas pessoas sentem uma **indignação** absurda por pensar que a população mundial produz alimentos suficientes para suprir a necessidade de pelo menos três vezes o número total de habitantes e, mesmo assim, por conta de um sistema político e econômico de valorização do capital (e não do humano), prefere jogar no lixo grande parte dos alimentos produzidos em vez de distribuí-los de maneira a atender àqueles que não possuem dinheiro para comprá-los. Essa má distribuição dos recursos alimentícios, que gera fome e miséria, acontece em diversos países que apresentam alto índice de desigualdades sociais. Geralmente, citamos os países do continente africano como exemplo disso. Todavia, também é possível perceber esse problema em nosso país, pois, em algumas regiões geográficas do Brasil, as pessoas sofrem com a falta de oportunidades profissionais, de recursos naturais e, principalmente, com a falta de equidade na distribuição dos recursos materiais e dos alimentos (ou distribuição de renda que favoreça a compra de alimentos). Esta última provoca miséria e fome em índices alarmantes. Junto com os sentimento de indignação vêm outros, como **raiva**, **compaixão** e **pena** das pessoas que passam por tais dificuldades.

Alguns indivíduos, conscientes de seus comportamentos como consumidores de um sistema capitalista que preza sempre o lucro, criando necessidades e produtos fúteis e dispensáveis por meio da moda e da ideia de distinção social e do *status* que a aquisição desses produtos gera, sentem-se **culpados**. Essas pessoas, ao tomarem conhecimento de que a fome e a miséria são frutos do sistema econômico capitalista, que gera desigualdades, culpam-se e refletem sobre a possibilidade de adotar um consumo consciente, que procure evitar desperdícios e valorizar o que se possui, pois sabem que muitos não têm a mesma oportunidade e vivem em condições de sofrimento contínuo por conta da fome.

É com base na observação de que todo e qualquer ser humano sente alguma coisa diante dessas situações, ou seja, não é indiferente às crianças que passam fome, que Marilena Chaui procura descrever o conceito de **senso moral**. Em uma de suas obras capitais para a introdução ao pensamento filosófico, intitulada *Convite à filosofia*, Chaui (2000) escreve que esse sentimento prova que nós somos seres morais, dotados de um senso de moralidade. O sentimento despertado em nós prova a existência de um universo moral e nos leva a pensar sobre o que é certo ou errado, justo ou injusto, bom ou mau diante de situações de sofrimento e dor, principalmente quando envolvem crianças, seres inocentes que nos comovem por conta de sua fragilidade.

Chaui esclarece que o sentimento de culpa pode nos impulsionar a uma **ação**, a agir diante de situações extremas envolvendo os valores morais da sociedade. Quando saímos do campo das emoções, dos sentimentos, do nosso senso moral e passamos para o campo das ações, independentemente de como agimos, estamos no campo da **consciência**

moral. Ela nos leva a agir dessa ou daquela forma, exige de nós que decidamos o que fazer e justifiquemos o porquê de o fazermos para os outros, pois somos responsáveis pelas nossas ações.

Como exemplo, imagine que você conheça uma jovem muito humilde que se apaixona por um rapaz e, depois de algum tempo de namoro, fica grávida. A jovem vê nessa gravidez uma situação complicada, pois lhe faltará a estrutura necessária para bem cuidar da criança que virá. Ao mesmo tempo que está apaixonada pelo rapaz, reconhece sua insegurança e imaturidade para levar adiante a gestação, sabendo que há grandes possibilidades de que a criança venha a passar fome e ter uma vida de sofrimentos. A jovem está arrependida e desesperada, e o rapaz sabe que não poderão contar com o apoio de suas famílias. O que esse casal de jovens que têm uma vida inteira pela frente deve fazer? Abortar ou seguir adiante com a gestação, sabendo de todos os riscos que terão de enfrentar?

Chaui (2000, p. 430) descreve outros elementos que compõem esse drama da seguinte maneira:

> *Se ela for apenas estudante, terá que deixar a escola para trabalhar, a fim de pagar o parto e arcar com as despesas da criança. Sua vida e seu futuro mudarão para sempre. Se trabalha, sabe que perderá o emprego, porque vive numa sociedade onde os patrões discriminam as mulheres grávidas, sobretudo as solteiras. Receia não contar com os amigos. Ao mesmo tempo, porém, deseja a criança, sonha com ela, mas teme dar-lhe uma vida de miséria e ser injusta com quem não pediu para nascer. Pode fazer um aborto? Deve fazê-lo?*

Situações extremas como essa exigem de nós uma atitude. Ainda que nosso senso moral possa nos indicar um caminho a seguir, é a formação da nossa consciência moral que nos orientará a agir desta ou de outra maneira. Essa consciência que temos da moralidade nos impele a agir em conformidade com nossos valores e crenças e nos mostra que somos responsáveis pelas nossas ações.

Portanto, diante de um senso moral, temos emoções e sentimentos que são suscitados pelos acontecimentos com base em nossa crença nos padrões morais que adotamos e que nos orientam. Mas é a nossa consciência moral que nos leva a agir e a assumir a responsabilidade por nossos atos.

Para sintetizar essas definições, Chaui (2000, p. 431) utiliza as seguintes palavras:

o senso moral e a consciência moral referem-se a valores (justiça, honradez, espírito de sacrifício, integridade, generosidade), a sentimentos provocados pelos valores (admiração, vergonha, culpa, remorso, contentamento, cólera, amor, dúvida, medo) e a decisões que conduzem a ações com consequências para nós e para os outros. Embora os conteúdos dos valores variem, podemos notar que estão referidos a um valor mais profundo, mesmo que apenas subentendido: o bom ou o bem. Os sentimentos e as ações, nascidos de uma opção entre o bom e o mau ou entre o bem e o mal, também estão referidos a algo mais profundo e subentendido: nosso desejo de afastar a dor e o sofrimento e de alcançar a felicidade, seja por ficarmos contentes conosco mesmos, seja por recebermos a aprovação dos outros.

Todos os **sentimentos** e todas as **ações**, portanto, têm o objetivo de nos afastar da dor, do sofrimento, e nos levar ao encontro da felicidade. É certo que o que nos deixa felizes pode variar. É certo que os valores que envolvem nossos sentimentos e emoções podem ser diferentes em comparação com outros grupos. É certo, ainda, que as ações que minha consciência moral exige de mim sejam radicalmente diferentes das ações de outras pessoas e de outros grupos. Com efeito, essa variação nos mostra que é cada vez mais necessário **refletir, pensar** e **analisar** os princípios e fundamentos dos valores morais, ou seja, é necessário que façamos uma **reflexão ética**, de modo que consigamos compreender e aceitar as ações que são contrárias às nossas crenças e aos nossos valores. Somente por meio de uma atitude ética é possível compreender e aceitar o outro e seus valores de maneira dignamente humana.

Esperamos que esses conceitos tenham ficado claros até aqui. Vamos trabalhar com a ideia de senso moral e consciência moral ao longo de todo o livro. Contudo, vamos passar à análise dos constituintes do campo ético para tentar responder aos seguintes questionamentos: O que torna uma ação moral ou ética? Quais são os critérios para sabermos se nossas ações, independentemente dos valores que estejamos seguindo, são de fato morais e éticas? Como podemos julgar alguém moralmente ou eticamente?

1.2.2 Elementos que constituem o campo ético

Para que uma ação seja considerada moral ou ética, devemos levar em conta alguns critérios que a definem como tal. É importante, antes de adentrarmos nesse tema, que você saiba distinguir entre a esfera moral e a esfera civil e quais são as características de cada uma em particular para que você seja capaz de distinguir uma ação moral e seus efeitos de uma ação civil. Essas duas esferas da sociedade trabalham com regras que regem as ações dos sujeitos que a ela pertencem.

Na **esfera moral**, temos conjuntos de valores e costumes cristalizados por um agrupamento humano que são considerados válidos ou inválidos, bons ou maus, justos ou injustos e benéficos ou maléficos para a sociedade como um todo, tendo em vista ainda que, se os atos dos indivíduos convergem para o que é considerado válido, são atos morais; se convergem para o que é considerado inválido, são considerados imorais.

Na **esfera civil**, os valores, os costumes e as regras morais consideradas como fundamentais para o grupo se tornam **leis**. Essas leis são fruto de uma convenção entre os indivíduos que compõem a sociedade e são de **caráter obrigatório**, válidas para todos aqueles que pertencem ao grupo, para garantir o que este compreende como justiça, assegurando direitos considerados por ele como fundamentais.

Com efeito, podemos afirmar que a esfera da moralidade e a esfera civil apresentam algumas características semelhantes, tais como: tanto uma quanto a outra se transformam em instrumentos para alcançar o que se compreende ser justo, bom, válido, correto; ambas são fruto de uma necessidade humana que visa a erradicar (ou ao menos diminuir) a violência na sociedade; essas esferas, embora diferentes entre si, caracterizam-se por serem convencionais, históricas, sociais, questionáveis e dependem de instituições para sua preservação. Um bom exemplo disso é que os valores da esfera moral podem ser transmitidos por meio de instituições como a família, igrejas e escolas. Já as leis civis são asseguradas pelo Estado.

Todavia, algumas diferenças entre essas duas esferas se sobressaem. Em primeiro lugar, podemos entender que, enquanto a **moral** é um **instrumento informal** que as sociedades utilizam para alcançar a justiça, a **lei** é um **instrumento formal** por excelência criado e promulgado pelo Estado para assegurar a justiça.

Em segundo lugar, podemos falar de uma infinidade de códigos e valores morais de uma única sociedade, como os valores morais religiosos tão diversos que permeiam nossa nação – cristãos, afrodescendentes, indígenas, espíritas etc. –, ao contrário das leis, que apresentam um sistema jurídico único, válido para todos que pertencem a um grupo ou uma nação. Independentemente dos valores morais religiosos que permeiam nossa existência, temos de seguir as leis que o Estado brasileiro impõe como obrigatórias.

Outro aspecto de distinção importante acerca dessas duas áreas é que a moral, quando não cumprida, causa a **rejeição** e o afastamento do indivíduo em relação ao grupo; já a lei, quando violada, gera mais do que uma rejeição, gera uma **punição**.

Por fim, podemos afirmar também que a moral é sempre compreendida como algo bom a ser seguido, como um direcionamento e uma orientação para que os indivíduos do grupo cheguem à felicidade e à justiça. Já a lei é imposta como obrigatória, e cada pessoa deve segui-la independentemente de sua noção de felicidade.

Uma vez compreendidas essas distinções, vamos analisar o exemplo a seguir.

Você já deve ter visto nos jornais e na mídia em geral casos de crimes em que o réu é solto ou tem sua pena reduzida por conta de um recurso jurídico que leva o juiz a acreditar que o sujeito não tinha condições plenas de ser responsabilizado pela sua ação, que não tinha **consciência** no momento da realização do ato, porque fora tomado por um surto de loucura ou porque apresenta alguns problemas mentais que o impossibilitam de estar plenamente consciente dos atos que comete. Algumas vezes, ficamos indignados por não ver o réu cumprindo uma pena pelos atos que realizou na esfera civil. O fato é que, na esfera moral, as pessoas também deveriam ser julgadas, tendo em vista que têm consciência sobre suas ações. Ou seja, o primeiro critério para podermos julgar moralmente os atos dos indivíduos é considerar se estes agiram de maneira consciente. **Ser consciente** dos próprios atos é um critério fundamental que constitui a ação ética e moral. Essa consciência, que é **moral**, passa necessariamente pelo conhecimento do que é certo ou errado, bom ou mau, justo ou injusto, válido ou não para os códigos morais. É a consciência moral que distingue e reconhece o que é uma ação de acordo com os valores e costumes morais ou não, garantindo a responsabilidade pelas ações do indivíduo. Aqui entra um outro critério: a **responsabilidade**. Chaui (2000, p. 433) esclarece que "consciência e responsabilidade são condições indispensáveis da vida ética". A autora avança na explicação desses constituintes do campo ético elencando outros critérios fundamentais, como o fato de que o agente ético deve ser dotado de uma vontade capaz de escolher a realização desta ou daquela ação.

> *A consciência moral manifesta-se, antes de tudo, na capacidade para deliberar diante de alternativas possíveis, decidindo e escolhendo uma delas antes de lançar-se na ação. Tem a capacidade para avaliar e pesar as motivações pessoais, as exigências feitas pela situação, as consequências para si e para os outros, a conformidade entre meios e fins (empregar meios imorais para alcançar fins morais é impossível), a obrigação de respeitar o estabelecido ou de transgredi-lo (se o estabelecido for imoral ou injusto).*
> (Chaui, 2000, p. 433)

Em outras palavras, a vontade capaz de deliberar entre alternativas possíveis deve ser livre. O conceito de **vontade livre** designa uma ideia de que a vontade não pode ser coagida por fatores externos – outras pessoas ou instituições que obriguem o indivíduo a agir – nem por fatores internos, como os instintos e as paixões. Ao contrário, a vontade, em sua capacidade de deliberação e escolha, deve ter poder sobre esses fatores e não se deixar levar por eles.

Um último elemento, mas não menos importante, que constitui o campo das ações éticas e morais é o fato de que esse campo se constitui com base em uma ideia de **virtude**. Tal ideia, embora possa sofrer variações na forma de ser compreendido, constitui os valores das condutas morais. Essas condutas só podem ser praticadas por um agente moral. Diante disso, podemos tomar as palavras de Chaui (2000, p. 434) para resumir os fatores essenciais que constituem o campo da ética e da moral:

> *O sujeito ético ou moral, isto é, a* PESSOA, *só pode existir se preencher as seguintes condições:*
> - *ser consciente de si e dos outros, isto é, ser capaz de reflexão e de reconhecer a existência dos outros como sujeitos éticos iguais a ele;*

- *ser dotado de vontade, isto é, de capacidade para controlar e orientar desejos, impulsos, tendências, sentimentos (para que estejam em conformidade com a consciência) e de capacidade para deliberar e decidir entre várias alternativas possíveis;*
- *ser responsável, isto é, reconhecer-se como autor da ação, avaliar os efeitos e consequências dela sobre si e sobre os outros, assumi-la bem como às suas consequências, respondendo por elas;*
- *ser livre, isto é, ser capaz de oferecer-se como causa interna de seus sentimentos, atitudes e ações, por não estar submetido a poderes externos que o forcem e o constranjam a sentir, a querer e a fazer alguma coisa. A liberdade não é tanto o poder para escolher entre vários possíveis, mas o poder para autodeterminar-se, dando a si mesmo as regras de conduta.* [grifo do original]

Essas definições de critérios trabalhadas por Chaui são importantes para uma introdução ao pensamento da ética, pois nos ajudam no processo de passagem de uma reflexão de senso comum para uma reflexão com o rigor próprio de um conhecimento científico-filosófico.

A noção de que uma ação ética é uma ação livre também é contemplada em outros manuais de introdução ao pensamento filosófico e ético, como nas obras *Filosofando*, de Maria Lúcia de Arruda Aranha e Maria Helena Pires Martins (2013), e *Fundamentos de filosofia*, de Gilberto Cotrim e Mirna Fernandes (2013).

Na obra de Aranha e Martins (2013), podemos ver a afirmação de que toda e qualquer regra e norma moral precisam de uma aceitação **livre** e **consciente** do sujeito moral. As autoras afirmam também que a "ampliação do grau de consciência e de liberdade e, portanto, de responsabilidade pessoal no comportamento moral, introduz um elemento contraditório entre a norma vigente e a escolha pessoal" (Aranha; Martins, 2013, p. 172). Quanto a essa contradição, elas mencionam que "se aceitarmos unicamente o caráter social da moral, o ato moral reduz-se ao cumprimento da norma estabelecida e de valores dados e não discutidos". Em outras palavras, se falarmos de uma educação moral, estaremos falando apenas de uma correta observação das regras por medo das punições. Por outro lado, as autoras chamam a atenção para o fato de que o questionamento e a reflexão dos indivíduos sobre os padrões morais apenas para satisfazer interesses próprios fazem com que a ideia de moralidade seja vista de maneira pejorativa, concluindo que "cabe ao sujeito moral viver as contradições entre os dois polos: o social e o pessoal, a tradição e a inovação. Não há como optar por apenas um desses aspectos, porque ambos constituem o próprio tecido da moral" (Aranha; Martins, 2013, p. 173).

Na obra *Fundamentos de filosofia*, Cotrim e Fernandes (2013, p. 327) ajudam-nos a compreender a relação entre liberdade e moralidade afirmando que só tem sentido julgarmos moralmente alguém se este age em plena liberdade, pois "quando não se tem **escolha** (ou liberdade), quando se é coagido a praticar uma ação, é impossível decidir entre o bem e o mal (que é o que faz a consciência moral). A decisão, nesse caso, é imposta pelas forças coativas, isto é, que determinam uma conduta" [grifo do original]. Os autores ilustram essa ideia com o exemplo de um pai que comete algumas ações após seu filho ser sequestrado. Esse pai não pode simplesmente ser responsabilizado moralmente pelos seus atos por lhe faltar o elemento essencial da moral e da ética, que é a liberdade.

Esses livros sobre os quais estamos comentando servem ao propósito de compor uma breve introdução aos principais conceitos que percorrem os temas da ética e da moral. Certos de que uma aprendizagem mais completa deve ser realizada por meio de reflexões sobre esses assuntos mediante a leitura de obras clássicas do pensamento filosófico, nos próximos capítulos, abordaremos especificamente a história da filosofia e os principais pensadores de cada período histórico no campo da ética.

Síntese

No *início deste* capítulo, vimos a diferenciação entre ética e moral. A moral é um conjunto de normas, costumes e regras criados por determinado grupo para organizar a sociedade a fim de convencionar certos valores como certos ou errados, justos ou injustos, bons ou maus. Diante disso, a ética seria uma reflexão que os indivíduos realizam sobre esses padrões morais instituídos pela sociedade com vistas a buscar os princípios e os fundamentos dessas regras. Desse modo, vimos que podemos, por meio da reflexão ética, dissolver problemas e conflitos de ordem moral nos mais variados agrupamentos humanos, auxiliando a sociedade a excluir ou diminuir a violência e favorecer a busca da felicidade.

Também destacamos alguns conceitos-chave, como senso moral, consciência moral, leis morais, leis civis, assim como elementos e condições que caracterizam as ações dos indivíduos como ações morais. Fizemos isso para ajudá-lo a realizar um estudo introdutório sobre o tema da ética e, ao mesmo tempo, para favorecer uma maior compreensão das concepções que vamos examinar nos próximos capítulos.

Atividades de autoavaliação

1. Com base nas distinções entre ética e moral apresentadas no livro, podemos afirmar:
    a) Se **moral** é um conjunto de regras e normas que um grupo de pessoas procura seguir, podemos caracterizar a ética como uma forma de reflexão sobre esses padrões morais.
    b) A ética é uma forma de determinar quais valores devemos seguir, e a moral é aplicada somente a sujeitos como crianças, que ainda não foram moralizados.

c) Ética e moral não apresentam nenhuma diferença conceitual, pois o senso comum usa essas palavras somente para mostrar as coisas certas da sociedade.

d) A ética pressupõe necessariamente a compreensão exata do que é certo ou errado, e a moral determina o resultado das discussões sobre o que é certo ou errado, de modo que fica conhecida como o princípio supremo da ética.

2. Para que uma ação seja considerada moral e ética e, portanto, seja julgada como tal, é necessário o cumprimento de algumas condições. Assinale a alternativa que corresponde a essas condições:

a) É necessário apenas um fim moral/ético predeterminado, não importando os meios que se utilizam para chegar a esse fim.

b) É necessário que o agente moral cumpra as regras que são predeterminadas pela sociedade.

c) É necessário que haja um agente moral (livre, consciente de si e dos outros e responsável) e uma finalidade moral e que se utilizem meios (instrumentos) morais válidos e em harmonia com os fins morais.

d) É necessário que o sujeito adquira uma consciência moral que o torne responsável pelas suas emoções e também um senso moral que seja capaz de levá-lo à ação.

3. Sobre os conceitos trabalhados neste primeiro capítulo, podemos afirmar:

a) Várias situações no nosso dia a dia (como a corrupção na política, a violência na sociedade, a falta de honestidade nos círculos familiares e escolares, a falta de tolerância diante do diferente) nos impelem a uma atitude, a uma ação que pode ser favorável aos valores morais de uma sociedade ou não. Quem determina quais atitudes devemos seguir diante dessas situações é nosso senso moral.

b) Todos nós somos dotados de um senso moral e de uma consciência moral, sendo que ambos têm em comum o objetivo de lidar com valores morais, padrões de justo e injusto.

c) Diante das catástrofes naturais e das injustiças que acontecem em nossa sociedade, surgem sentimentos de tristeza, indignação, solidariedade e compaixão. Esses sentimentos dizem respeito à existência de uma consciência moral em nós.

d) Senso moral e consciência moral são conceitos que nos ajudam a compreender uma relação entre senhores e escravos, ou melhor, entre os livres e os não livres na sociedade, e, sobretudo, como isso afeta nossa capacidade ética e moral de escolher entre o certo e o errado.

4. Tomando como base o que foi trabalhado ao longo deste primeiro capítulo, podemos destacar que os principais objetivos da ética em todo e qualquer agrupamento humano são:
a) evitar e controlar a violência com vistas a uma vida feliz.
b) garantir a acumulação de lucros das pessoas que pertencem à elite da população.
c) adestrar o homem para que ele consiga utilizar sua liberdade de maneira justa em sociedade.
d) garantir que as pessoas consigam atender a seus interesses de maneira moral.

5. Para que o agente possa ser julgado do ponto de vista da ética, se faz necessário que sejam cumpridos alguns critérios básicos. Assinale a alternativa que melhor descreve esses critérios.
   a) O agente precisa ser consciente, obediente e apegado às leis morais.
   b) O agente precisa tomar consciência das regras e costumes sociais e segui-los à risca.
   c) O agente não precisa ser consciente e livre, mas precisa fazer o que a lei manda sempre.
   d) O agente precisa ser consciente, responsável e livre.

Atividades de aprendizagem

Questões para reflexão

1. Explique a definição de justiça apresentada por Céfalo e problematizada por Sócrates na introdução deste livro e apresente uma contraposição (um contra-argumento) a essa tese com base nos elementos que trabalhamos ao longo deste primeiro capítulo.

2. Apresente as semelhanças e as diferenças entre leis morais e leis civis.

3. Explique quais são os critérios/elementos que fazem com que uma ação humana seja considerada ou julgada como moral e ética.

Atividade aplicada: prática

Faça uma visita ao *site* Espaço Ética (disponível em <https://espaco etica.com.br/cursos/>), que conta com a participação de Clóvis de Barros, renomado professor de Ética da Universidade de São Paulo, e realize um dos cursos oferecidos gratuitamente para todos os visitantes do *site* a fim de aprimorar um pouco mais seus conhecimentos.

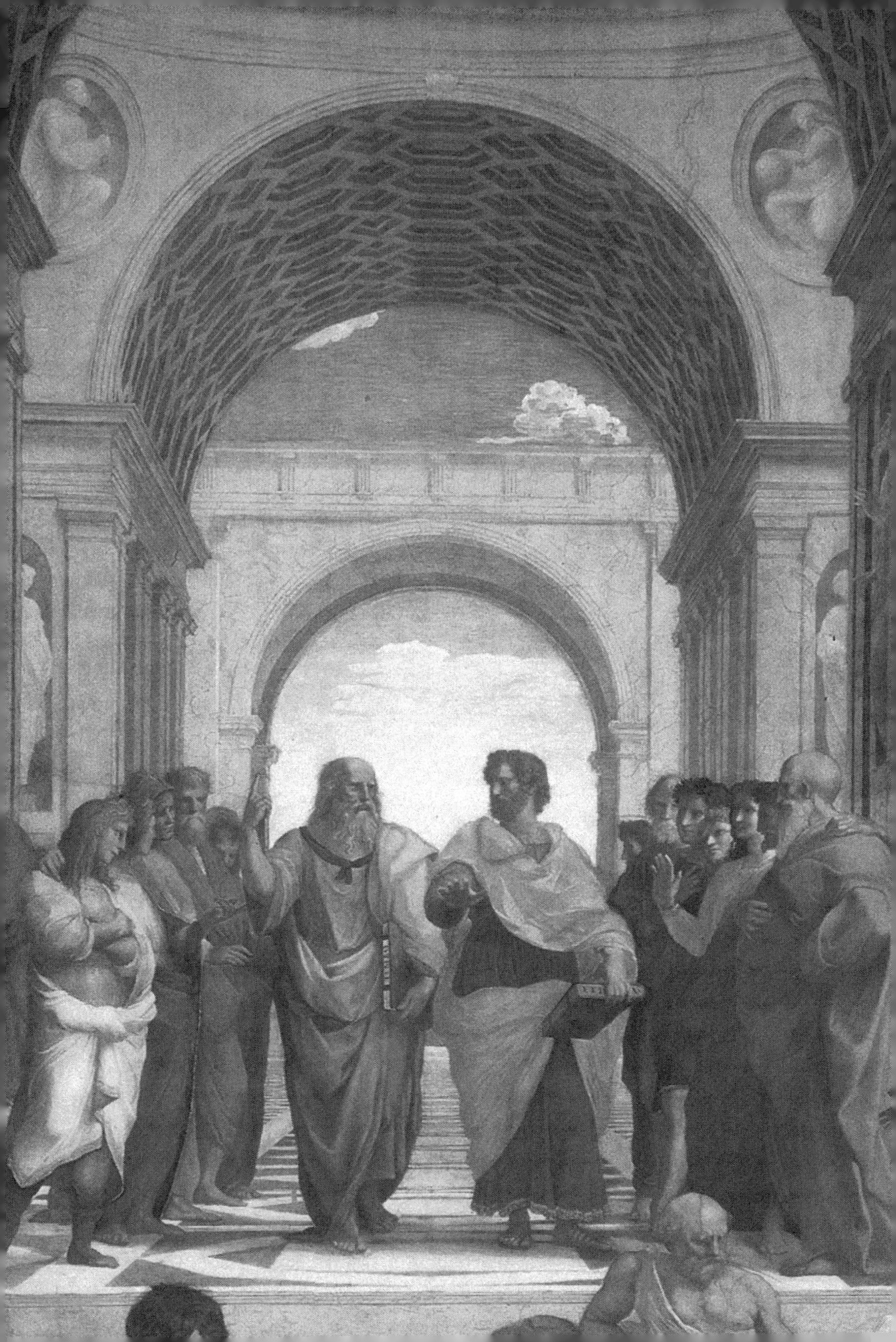

Parte 2

A ética na história

Podemos subdividir as reflexões éticas propostas ao longo da história, em seus mais variados contextos, em grupos de pensadores que apresentam características em comum. Nesta segunda parte do livro, destacaremos esses pontos em comum e algumas das especificidades de cada autor, descrevendo também o contexto histórico, social e cultural no qual estão inseridos, desde a Antiguidade até os tempos atuais.

Não obstante, como esta obra se destina a oferecer uma introdução ao pensamento ético, não conseguiremos analisar todos os pensadores de cada período histórico. Isso nos causa um problema que não é de fácil resolução – a escolha dos autores. Assim, entendemos que, independentemente da seleção dos autores de que trataremos e dos que vamos deixar de lado, estaremos sujeitos a críticas. No entanto, gostaríamos de desafiar você, caro leitor, a se aprofundar neste debate sobre a ética na história, seja analisando a obra dos autores escolhidos e trabalhados por nós neste livro, seja buscando em nossas referências outros autores que possam vir a despertar seu interesse.

Nosso intento é apresentar-lhe alguns exemplos práticos de reflexão filosófica em cada momento histórico (Antiguidade, Idade Média, modernidade e contemporaneidade). Em outras palavras, desejamos que você possa perceber como alguns dos maiores pensadores de cada período conseguiram elaborar uma análise crítica sobre os valores morais vigentes em seu contexto social e que, ao compreender essa análise, você possa se sentir capacitado a também analisar os problemas e as situações diversas que a sociedade enfrenta hoje no campo da moral e da ética. Esperamos que nossa seleção de autores possa ajudá-lo nesse empreendimento.

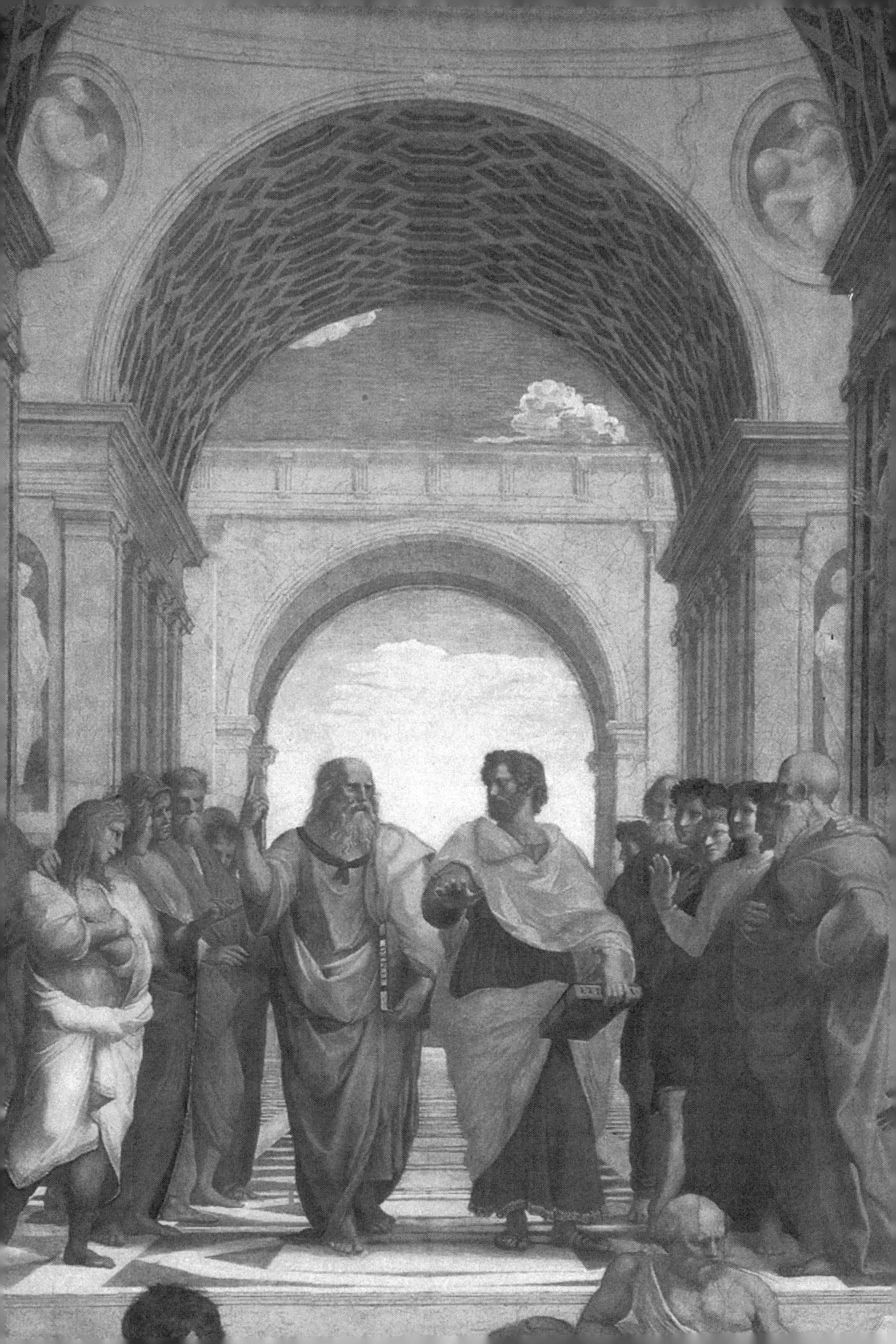

2

Ética antiga

Para compreendermos em sua totalidade o impacto que as mudanças ocorridas no período axial trouxeram para os povos do Ocidente, é necessário compreendermos também como esses povos viviam nos tempos antigos. O surgimento da ética no mundo antigo é um fator indispensável para nossa análise da formação do mundo moderno. Neste capítulo, veremos como surgiu essa reflexão na Antiguidade, sobretudo após a contribuição dos gregos, a começar por Sócrates, o grande iniciador da filosofia moral.

2.1
Sócrates e a fundamentação da ética no Ocidente

Sócrates nasceu na cidade-Estado de Atenas em 470/469 a.c. e morreu em 399 a.c., como pena decorrente do julgamento no qual fora acusado de corromper a juventude e negar os deuses da cidade. Ele buscava, com sua filosofia, o fundamento (princípio) que permitia justificar a **vida moral**. Tal fundamento está, segundo ele, na própria natureza do homem: a **alma racional**. E o que é, para Sócrates, a alma? Por que ela fundamenta o campo das ações humanas? Quais consequências advêm do agir mediante esse princípio? Isso é o que procuraremos descrever nas linhas seguintes.

Como é de consenso na tradição filosófica, tudo o que sabemos sobre os ensinamentos de Sócrates foi transmitido por ele de maneira oral, ou seja, ele não deixou nenhuma obra escrita. O que temos dos ensinamentos socráticos chegou a nós por meio de testemunhos de outros filósofos que o sucederam. Com base nesses testemunhos, contrários ou favoráveis, podemos nos acercar do que propriamente concerne à filosofia socrática.

2.1.1 A alma socrática

Em Sócrates, devemos entender que o termo *alma (psyché)* é a própria consciência humana; trata-se de nossa **faculdade intelectual e moral**. Nesse sentido, a alma diz respeito a nossa habilidade de compreender. Sócrates procurou, durante muito tempo, compreender qual era a essência do homem, até que chegou à conclusão de que o homem é sua alma. Ela é que permite a virtude (em grego, *areté*), isto é, a realização do melhor que pode ser alcançável pelo ser humano. Isso é assim pois a **alma**, como nossa "atividade cognoscitiva", possibilita a nós a promoção ou a ação em favor de conhecer as coisas como são em si mesmas. Portanto, um conceito que está intrinsecamente conectado com o conceito de alma em Sócrates é o de **virtude**. Por meio dele buscamos o **conhecimento certo e seguro** (entendido como ciência, como **episteme***)*.

Ao investigarmos a ética socrática, temos de entender um elemento central: há uma só virtude, que, por seu turno, serve de princípio ao conjunto de ações virtuosas. Essa virtude é o conhecimento, um saber seguro e certo sobre si mesmo. Decorre daí o jargão "Conhece a ti mesmo", que se refere propriamente à virtude. Quando o ser humano comete um erro ao agir, devemos entender esse erro, ou a ação não virtuosa, como fruto da **ignorância** (desconhecimento de algo). Assim, compreendemos que é a falta de conhecimento que nos leva a agir errado.

Dito de outra forma, voluntariamente não podemos agir mal. Isso porque, para Sócrates, na ação errônea optamos por um bem que desconhecemos ser equivocado. Aquilo que nos pareceria um bem na realidade é um mal. Com efeito, decidimos sempre por um bem, porém nossa ignorância não nos permite reconhecer que de fato aquilo pelo que optamos se constitui em um não bem, em algo que apenas aparenta ser um bem.

Como forma de evitar o erro, devemos entender que o conhecimento das essências seria, então, aquilo que nos possibilita conhecer as coisas como realmente são, e não somente como parecem ser. O conhecimento seguro e certo (*epistemè* – ciência) é aquele tipo de saber que a alma racional alcança e por meio do qual podemos saber o que é bem e, assim, escolher sem cair no erro.

Com base nesse conceito de alma, podemos determinar outro conceito central para Sócrates, a saber, o de **liberdade**. Esse termo é entendido como "disposição interna" (como autocontrole – *enkráteia*). É aquilo que nossa alma racional nos possibilita escolher racionalmente, prescindindo dos impulsos e das paixões. Por meio dessa disposição de autodomínio, podemos nos lançar ao saber seguro e certo das essências. Por meio da natureza racional que define o ser do homem, podemos, ou melhor, devemos – já que estamos nos referindo ao tema da ética – prescindir das paixões e dos instintos na realização de nossas ações. Com o **conhecimento de si mesmo**, o homem usufrui de sua liberdade diante das coisas do mundo, pois pode julgar a contingência das coisas mundanas em relação àquilo que é necessário (na qualidade de essência) mediante o autoconhecimento de sua própria essência (sua alma).

Como consequência ou resultado das ações para o bem, mediante a virtude, que é o conhecimento alcançado pela alma racional, temos então a **felicidade**. Ela é, para Sócrates, o estado de ordem em que a alma se encontra: "o homem age retamente quando conhece o bem e, conhecendo-o, não pode deixar de praticá-lo; por outro lado, aspirando ao bem, sente-se dono de si mesmo e, por conseguinte, é feliz." (Vázquez, 2014, p. 271-272).

Isso nos permite entender que a virtude é um bem em si mesma. Não é a busca pela felicidade que nos leva à ação virtuosa, mas é a própria ação realizada com base na virtude que possibilita que sejamos felizes, ou seja, que percebamos que nossa alma está em ordem, pois ela está buscando aquilo que é próprio dela.

2.1.2 O método socrático

Para a determinação de seus conceitos e a difusão de sua filosofia, Sócrates se valia de um método próprio, praticado em dois momentos que se articulam em seus diálogos: primeiro, utiliza-se da **ironia** e, depois, da **maiêutica** para alcançar o conhecimento.

A **ironia** consiste na refutação do argumento do adversário. Trata-se de simular não saber, a fim de que o adversário apresente sem reservas seu raciocínio sobre o tema proposto. Tem por finalidade demonstrar as contradições argumentativas do oponente e, por meio delas, levá-lo a admitir que de fato não conhecia aquele tema.

A partir desse momento, com a **maiêutica** (em grego, *maieutiké*, que significa "arte do parto"), leva-se o adversário a entender (junto com ele) que a **verdade** (conhecimento do tema) é outra. A verdade já se encontra no interior da alma, porém precisa – por meio da maiêutica que Sócrates pratica – ser trazida à tona, ser "parida": o filósofo é responsável por fazer seu adversário "parir" a verdade, que é o resultado do conhecimento certo e seguro.

Precisamos perceber que a intenção socrática é ética; não se trata puramente de conhecer a verdade no sentido lógico ou gnosiológico de um tema, mas de perceber como o conhecimento verdadeiro sobre algo permite ao ser humano agir corretamente, agir virtuosamente, ou seja, praticar a ação que se revela um bem. É nesse sentido da exigência ética que devemos entender a negação de Sócrates em relação ao seu entendimento do conceito de **corpo**.

O corpo, para Sócrates, é um obstáculo para a alma lançar-se ao conhecimento seguro e certo. Isso porque o corpo e os valores que ele nos faz perceber como bem somente são alcançados mediante a aparência. Nossos sentidos não dão conta de nos revelar a essência de uma coisa, um objeto ou uma ação. Somente nossa alma racional (faculdade intelectual e moral) nos permite conhecer essências. Por isso, a alma alcança e precisa ir além da aparência dos sentidos; somente ela (alma) nos dá conhecimento certo e seguro do que realmente as coisas (objetos) são. Ao contrário, sempre que nos fiamos apenas nos sentidos que são admitidos pelo corpo, temos um saber impreciso, um saber aparente e quase sempre um saber equivocado. Isso nos faz cair em erro na hora de optar em julgar algo como sendo um bem.

Somente podemos conhecer o bem mediante o alcance de nossa alma racional. É esse o limite, é essa a condição que Sócrates coloca para fundamentar sua ética. Isso porque somos, como essência, alma. Nesse caso, devemos compreender que a alma se serve do corpo (como instrumento) para praticar o bem que ela alcançou como resultado de um conhecimento certo e seguro. Quando o corpo passa a ditar as regras, invertemos a ordem, e as paixões e os instintos corpóreos nos fazem (irracionalmente) admitir como bem aquilo que, na realidade, se fosse lançado ao crivo da razão, da alma, se mostraria como equivocado.

2.2
A ética platônica

Platão (428/427 a.C.-347 a.C.) foi discípulo de Sócrates, e boa parte do pensamento socrático chegou até nós por meio do primeiro. Por isso, não deve causar surpresa a nós o fato de Platão dar continuidade ao fundamento socrático que postula a alma racional como fundamento do comportamento humano. Com ambos os filósofos, admitimos que a ação que preza pela virtude (tender para o melhor – o bem em si mesmo) é a maneira de agir que melhor corresponde ao ser do homem, à sua essência – sua alma racional.

A concepção da filosofia moral de Platão se pauta na sua postulação dos dois planos ontológicos, a saber, o mundo sensível e o mundo inteligível*. Quando compreendemos que toda a filosofia platônica

---

* O **mundo sensível** é o lugar dos sentidos, os quais, por meio dos corpos, constituem, para Platão, a realidade aparente de tudo o que existe. Esse plano, na qualidade de corruptível, permite-nos entender a relação de movimento (alteração e corrupção das coisas); é o oposto do **mundo inteligível** (mundo das ideias), no qual a realidade mesma é que se apresenta, não em aparência, mas na essência de tudo o que é (uno, eterno e verdadeiro).

(gnosiologia, ética, política, lógica e estética) se deduz da metafísica do ser verdadeiro, verificamos que é evidente que se trata de um sistema construído fundamentalmente para a formação moral do homem.

2.2.1 A essência do homem é sua alma

Percebemos que a noção de homem que fundamenta a ética, para Platão, tem um cunho dualista quando o filósofo afirma que o homem é essencialmente uma **alma** presa em um **corpo**. Assumindo isso, a ética platônica quer nos fazer crer que a tarefa do homem virtuoso (aquele que busca agir da melhor forma) consiste em libertar a alma da cadeia que é o corpo.

Por entender que o homem é essencialmente sua alma, Platão considera que a atividade racional que é própria da alma humana (*psyché*) nos torna capazes de promover nossa liberdade do seguinte modo: ao praticarmos ações que se pautam no uso de nossa capacidade racional, optamos por agir mediante a disposição mais essencial em nosso ser, isto é, ações desse tipo encontram fundamento em nossa alma. Ao contrário, sempre que optamos por praticar ações que se pautam nos desejos instintivos ou passionais de nosso corpo, fortalecemos o domínio do corpo sobre a alma. Agimos, neste último caso, contrários à nossa essência e tornamos nossa alma ainda mais cativa.

Isso nos permite compreender por que devemos promover ações que inibam ou eliminem, tanto quanto possível, os instintos e as paixões, mas também nos possibilita encontrar a trilha que levou Platão a afirmar ser o filósofo aquele que promove a "fuga do corpo", a separação da alma do corpo. É também aquele que busca a "fuga do mundo", procurando tornar-se, tanto quanto possível, semelhante a Deus.

A compreensão platônica sobre a alma humana como sendo imortal resulta no entendimento de que nossa conduta moral deve ser guiada por elementos considerados válidos universalmente. Platão procurou garantir sua afirmação sobre a imortalidade da alma humana, principalmente, por meio de dois mitos: o mito de Er (Platão, 1965b, p. 249) e o mito do carro alado (Platão, 2000, p. 58-59).

> **O mito de Er,** narrado por Platão no Livro X de sua obra *A república*, diz respeito ao personagem de nome Er que voltou do reino de Hades. Conta-se que esse personagem fora um valente soldado que morreu em combate. Após doze dias de sua morte, quando devolveram seu corpo a terra natal, Panfília, para preparar para as celebrações mortuárias, Er retornou à vida. Durante o tempo que esteve morto, Er pôde conhecer o que de fato se passava no além vida, como procedem as almas dos justos e dos ímpios no pós-morte. O valente Er teria sido poupado e retornado à vida para relatar aos vivos o que os juízes do submundo decidiam acerca dos castigos e recompensas das almas que ali estavam, isto é, das sentenças que estas receberiam nos mil anos antes de retornarem a um corpo.
>
> Com esse mito, Platão objetiva expor como seria o pós-morte e a necessidade de uma alma retornar ao corpo. Contudo, a principal finalidade do mito seria a de reforçar que o modo pelo qual se vive reflete diretamente na recompensa ou no castigo a ser recebido no além vida. O comportamento do indivíduo no além vida, por sua vez, reflete no momento do retorno ao corpo, formando um círculo vicioso se o sujeito for mal, ou um círculo virtuoso se ele for bom.

O **mito do carro alado** (também conhecido como *mito do cocheiro* ou *mito da parelha alada*) é uma alegoria narrada por Platão (2000) na obra *Fedro*. Nessa narrativa, um cocheiro conduz sua carruagem tendo à frente dois cavalos, sendo um branco e outro preto. O cavalo branco tem um corpo bonito e harmonioso, bem tratado, com um semblante altivo, ama o que é honesto e detesta o que é mau, sendo comandado apenas pela palavra. O outro cavalo, de cor preta, é torto e disforme, não caminha com firmeza, tem o semblante baixo com olhos estriados de sangue, sendo comandado apenas a contragosto, com chicotes e açoites. O cocheiro, quando vê algo bom e desejável, procura conduzir sua carruagem para esse caminho. O cavalo bom (branco) obedece tranquilamente ao cocheiro, mas o cavalo mau (preto) não o respeita e procura seguir para o lado contrário.

Com esse mito, Platão quer descrever sua compreensão acerca da alma humana, que apresentaria uma estrutura tripartite: a parte racional (cocheiro) e as partes irascível e concupiscível, representadas pelos cavalos.

Muito mais do que enfatizar o caráter dualístico do ser humano, a ética platônica postula a alma como imortal e o corpo como sua cadeia, a fim de que possamos entrever que a primeira guarda proximidade ou se conecta mais harmoniosamente com o mundo inteligível (as ideias fazem parte da realidade eterna e verdadeira), enquanto o segundo, exatamente por se tratar do plano sensível e corruptível, não oferece a possibilidade de conhecer as ações próprias da nossa essência (pois essa condição só é dada a nós por nossa alma).

Assim, fica fácil perceber que, se, por um lado, a ética platônica se fundamenta na metafísica por ele concebida, por outro, o que condiciona a filosofia moral de Platão é o conhecimento que a alma humana se permite alcançar. Com isso, temos que a ontologia e a gnosiologia são os pilares das noções éticas desse célebre filósofo. Isso nos possibilita entender o papel da imagem da "segunda navegação"* (agora aplicada ao campo da moral) na filosofia platônica.

2.2.2 O papel do conhecimento

O conhecer por meio da alma racional é a tarefa por excelência relegada ao homem. Isso porque, desse modo, o homem é capaz de purificar ou esclarecer as exigências de sua alma diante das exigências de seu corpo. Como sabemos, pelo que foi exposto anteriormente, dar vazão aos anseios da alma é o que torna possível às ações humanas serem tomadas por excelentes, ou seja, virtuosas. Desse modo, é fácil entender por que a virtude, para Platão, remete-se diretamente ao conhecimento (Platão, 1965b) – à medida que o homem conhece cada vez mais o bem, ele age de forma melhor.

Nesse ponto, verificamos o quão estreita é a ligação entre a ética platônica e a ética socrática. No entanto, se, por um lado, o conhecer faz com que essas duas filosofias morais se aproximem, por outro, é pelo mesmo elemento que podemos distingui-las. Isso porque, na filosofia socrática, a virtude encontra-se no conhecimento como cura para a alma, que, ao cair no corpo, esquece-se do que sabia. Dessa forma, ao

---

* De modo abreviado, podemos sustentar que a "segunda navegação" é a imagem de que Platão se serve para afirmar que tanto o conhecimento do bem supremo quanto a ação prática em vista dele são frutos da razão humana, que busca, por meio da atividade racional, o conhecer e o agir excelentes que devem ser pautados na essência humana: a alma do homem (Platão, 2007, p. 48).

estabelecer que todos os homens têm uma alma racional e que essa alma os condiciona para o conhecimento do bem, Sócrates (Platão, 1999) entende que a faculdade ou a habilidade de conhecer é a mesma em todos os indivíduos, pois se trata meramente de relembrar o que a alma havia esquecido.

Já na ética platônica propriamente dita*, vemos que o conhecimento como virtude acontece de forma mais específica para a alma que, mediante sua capacidade de conhecer, fomenta sua parte intelectual. De acordo com a teoria da alma tripartida de Platão (1965a), existe na alma uma disposição concupiscente, outra disposição irascível e, por fim, uma disposição intelectual, que é, a nosso ver, o que caracteriza a especificidade da ética platônica e, ao mesmo tempo, separa-a de seu mestre.

2.2.3 A virtude na alma tripartida

Em sua obra *A república* (1965a, 1965b), Platão apresenta a tese de que todo homem dispõe de uma alma racional, que, por sua vez, conteria em si, metaforicamente falando, um tipo de metal que revelaria sua estirpe ou valor; por conseguinte, o tipo de metal guardaria um paralelo com a disposição para o melhor em cada indivíduo. Desse modo, aqueles que têm uma **alma concupiscente** (autocontrole dos apetites e instintos) são dotados ou constituídos de bronze em sua alma; a disposição

---

* Como já mencionamos, toda a tradição filosófica entende que Sócrates não deixou nenhum escrito, pois sua prática de ensinar constituiu-se somente diálogos. Desse modo, Platão resolveu compilar os ensinamentos de seu mestre em forma dialógica. Entendemos que a noção de virtude como conhecimento, da cura por meio da reminiscência, é propriamente aquilo que Platão credita à filosofia socrática, divergindo (em parte) de seu mestre, ou melhor, criando sua própria filosofia ao postular a tripartição da alma racional.

da **alma irascível** (autodomínio das paixões) no indivíduo revelaria o elemento prata em sua constituição; por fim, aqueles que apresentam **alma intelectual** (e são condicionados a ascender até a ideia de bem e ensiná-la aos demais) denotam a porção de ouro que compõe seu ser (Platão, 1965b, p. 192).

Primeiramente, devemos compreender que, ao falarmos de tripartição da alma, falamos de um único tipo de alma racional; portanto, por mais que consideremos diferentes tipos de virtudes, todas elas se subordinam a uma única virtude geral: o conhecimento. Para Platão (1965a), a alma racional, deixando-se conduzir somente pela faculdade que lhe é própria (a razão), faz com que a disposição intelectual responda pelo conhecimento do bem e pela ordenação das demais faculdades do homem. A faculdade intelectual (vinculada, como não poderia ser diferente, à cabeça) domina a faculdade irascível.

A faculdade irascível se refere à disposição do homem em lidar com as paixões, as emoções violentas que são próprias à sua natureza. Todavia, os indivíduos em que sobressai a faculdade irascível não se deixam levar inteiramente pelo momento passional; apesar de não alcançarem a ideia do bem, os irascíveis acorrem para valorizar os preceitos e as tradições ensinadas pelos indivíduos de alma intelectual, além de auxiliarem os indivíduos nos quais sobressai a faculdade concupiscente a manter sua moderação diante dos desejos e dos instintos.

A alma racional em que não desponta a porção intelectual nem a irascível, ainda assim, alcança uma disposição virtuosa que permite ao sujeito de alma concupiscente agir de modo temperante diante dos apetites e dos desejos (Platão, 1965a, p. 228). Desse modo, compreendemos que, embora se trate sempre da mesma alma racional quando tomamos o elemento sujeito humano por base, existem diferenças entre os elementos que despontam do interior do ser humano. Com efeito, a disposição da alma racional para a ação moderada diante dos apetites é própria de todos os homens; já o autodomínio de uma alma racional diante dos sentimentos e das paixões responde à propriedade do elemento irascível, que também domina seus apetites. Contudo, a excelência da alma racional encontra-se no elemento intelectual, que atinge a ideia de bem e, no exercício de ensinar aos demais, detém seu fim último: ser sábio.

Como é ensinado pela tradição filosófica, a ética platônica está marcada fortemente pela noção política do filósofo. Embora não seja nosso intento tratar da política, devemos, de modo panorâmico, ter em mente que, para Platão (1965a), cada tipo de disposição de alma racional – a saber, intelectual (ou de ouro), irascível (ou de prata) e concupiscente (ou de bronze) – deteria, na formulação da cidade utópica platônica (Calípolis), um posto a ocupar, uma função a desenvolver mediante a capacidade que sua alma demonstra ter. Nessa cidade ideal, os de alma racional intelectual governariam, os de alma racional irascível defenderiam a cidade, e os de alma concupiscente proveriam os gêneros alimentícios e o comércio de toda a cidade.

2.3
A ética aristotélica

Filósofo grego nascido em Estagira em 384 a.C., Aristóteles tornou-se, durante certo tempo, discípulo de Platão – mestre e discípulo passariam postumamente a ser tomados como as duas personalidades de maior expoente na tradição filosófica ocidental. Outro personagem histórico que figurou na vida do estagirita foi o Imperador Alexandre Magno, a quem o filósofo serviu de preceptor. Existe uma variedade imensa de assuntos nas obras creditadas a Aristóteles, desde poesia até zoologia, porém seu sistema filosófico – difundido na escola que fundou em

Atenas, o Liceu, na qual se dedicava à produção e à transmissão de sua filosofia aos seus discípulos, chamados *peripatéticos* – e também o fato de ser considerado um dos pilares do pensamento do Ocidente são as razões de almejarmos nos acercar um pouco mais de sua filosofia moral (Aristóteles, 2012, p. 15).

Quanto à filosofia moral, para Aristóteles (1984), todo agir humano pretende alcançar ou tem uma finalidade, isto é, toda ação visa a um propósito a realizar. Em nossa vida prática, podemos observar isso ao notar que existem ações que buscamos realizar por elas mesmas e outras que procuramos realizar por coisas diversas do nosso agir, que têm um fim distinto da ação realizada. Uma das formas mais simples de entendermos a finalidade de nosso agir diz respeito aos questionamentos que podemos efetuar, indagando sobre o **porquê** ou o **para quê** de um ato. Quando fazemos essas perguntas, estamos questionando a finalidade de tal situação ou ação.

Para Aristóteles (2008), a felicidade é a finalidade de todas as ações humanas. Em outras palavras, toda ação humana, que deve ser um agir racional, tem por meta final (escopo) a felicidade. Por esse motivo, a filosofia moral aristotélica é entendida também como uma ética eudaimônica – *eudaimonia* é a palavra grega que define a felicidade. Assim, devemos compreender que a excelência humana (o melhor que o homem pode buscar realizar), ou seja, a virtude, relaciona-se diretamente com sua busca pelo bem viver ou pela vida feliz (Angioni, 2009b, p.189).

No que diz respeito às ações ou às situações que têm um fim em si mesmas (por exemplo, a amizade), dizemos que a ação ou situação coincide com o propósito ou finalidade que buscamos realizar (a atitude amigável, aquilo que entendemos por *amizade*, **serve para** a amizade mesma; não há outro propósito além desse).

Todavia, conforme Aristóteles (1984, p. 54), existe outro tipo de situação ou ação, isto é, também há o agir que **serve para** algo diverso dele mesmo, ou seja, a ação ou situação que não é um **fim em si mesma**, mas apenas um **meio** (cumpre a finalidade intermediária), serve para outra coisa que não a própria ação. O ato de trabalhar, por exemplo, serve para ganhar um salário que nos permita sustentar nossas necessidades e confortos. Por meio disso, podemos compreender que o trabalho não tem um valor em si mesmo, ainda que ele seja extremamente importante na estrutura ética, tanto na da Antiguidade quanto na dos nossos dias.

A ética aristotélica, a exemplo de toda a ética grega antiga, pauta-se na racionalidade humana. O fato de o homem ter uma alma racional condiciona seu agir apoiado na razão (Aristóteles, 1984, p. 138). Desse modo, para Aristóteles (1984), o homem, na condição de ser racional, tem como fim último a realização dessa natureza específica, que é a de ser um vivente racional. É exatamente na realização dessa natureza de ser racional que se encontra a felicidade do homem.

É importante também considerarmos, como nos adverte Angioni (2009a), que, no homem, além da razão, os apetites e os instintos ligados à alma sensitiva detêm um papel considerável na elaboração do agir virtuoso de Aristóteles (1984). A razão, como capacidade e habilidade da alma, detém o poderio de dominar e regular nossas ações, de modo que os instintos e as paixões humanas não sejam preponderantes no momento de agir.

2.3.1 A virtude em Aristóteles

Em relação ao termo *virtude* (*areté*), entre os filósofos gregos antigos, costumamos entender que se refere à excelência de alguma coisa, àquilo que de melhor determinada coisa efetua, isto é, certa qualidade ou disposição que faz com que algo obtenha distinção entre as demais coisas. Nesse sentido, podemos afirmar, por exemplo, que a virtude de um cavalo de corrida é correr o mais rápido possível e a virtude de uma ave de rapina é obter sua presa toda vez que se lança a ela. Podemos nos referir até mesmo à virtude de um objeto; é assim que se diz da boa faca de corte, uma vez que ela se demonstra ser excelente ao cortar uma peça de carne. Mas, no caso do homem, qual seria a qualidade que lhe confere excelência?

Para Aristóteles (1984), não há dúvida de que a virtude do homem repousa na sua alma racional, mais precisamente em sua habilidade de ponderar e escolher a melhor finalidade possível entre as coisas que se possam alcançar por meio do agir. Mas o que necessariamente responde por essa excelência? Ora, trata-se da justa medida que o ser humano encontra para todas as suas ações. Com efeito, a noção de virtude, em Aristóteles (1984), responde pelo justo determinante do agir, que se interpõe como mediania (*métron*) de equilíbrio entre dois extremos, em cada situação particular (Angioni, 2009b, p. 16). Diante disso, devemos compreender que a capacidade de ponderar do homem permite-lhe escolher praticar um ato no qual, em sua execução, não há excesso nem falta de nenhuma disposição; tudo nesse ato se encontra de forma justa, o que foi possível em virtude da racionalidade humana.

Há, em Aristóteles (1984, p. 67), as **virtudes éticas** (virtudes morais), as quais se traduzem na busca pela justa medida entre o excesso e a carência nos impulsos e nas paixões. Essa busca é um hábito, ou seja, a contínua repetição das ações tem como fim o alcance da virtude. Assim, o sujeito retoma, de modo singular, cada ação que necessita ser reafirmada como a melhor ação possível ao homem. Encontramos também nos escritos no filósofo as **virtudes dianoéticas** (virtudes intelectuais), que estão ligadas à vida prática e tratam de permitir ao homem apreender o conhecimento verdadeiro e indubitável do bem supremo. Nesse sentido, conhecer o bem cumpre dois aspectos da moral aristotélica, a saber, o conhecimento prático, que tem aplicabilidade na vida diária, e, substancialmente, o conhecimento teórico (contemplativo) da sapiência, isto é, saber como e por que agir segundo a razão humana nos ordena.

2.3.2 A psicologia do ato moral

Aristóteles (1984) apresenta uma detalhada psicologia do ato moral por meio da qual podemos distinguir os elementos mais importantes da ética aristotélica no que se refere às virtudes intelectuais – a deliberação, a escolha e a volição (vontade).

Quanto à **deliberação**, devemos entendê-la como aquilo que nos capacita a vislumbrar os meios que nos permitem atuar para adquirirmos determinados fins. Ou seja, ao deliberarmos, procuramos assimilar os elementos ou as situações de que precisamos para alcançar nossos propósitos ao agir (Angioni, 2009b, p. 12). Por exemplo: se alguém tem por finalidade ou propósito alimentar-se de manga, então delibera sobre a quais meios (elementos) deve recorrer para a execução do seu propósito. Da mesma forma, se uma pessoa quer ser generosa para com alguém que precisa de ajuda, delibera sobre quais meios (situações ou elementos) lhe permitem agir com generosidade.

No que diz respeito à **escolha**, trata-se de optarmos por um dos meios que a deliberação nos apresenta. Por exemplo: quando uma pessoa escolhe ser generosa para com alguém que precisa de ajuda, pode doar aquilo de que dispõe (na justa medida, isto é, sem cair na prodigalidade nem na avareza), seja uma quantia em dinheiro, seja em forma de gênero alimentício, seja ambas as coisas se assim optar (Aristóteles, 1984, p. 73). A escolha consiste na decisão que nos dispomos a executar na hora de agirmos.

Por fim, Aristóteles (1984, p. 83) expõe que, além de deliberação e escolha, em todo ato moral que praticamos se encontra em nós uma disposição voluntária, ou seja, estamos plenamente dispostos a agir. Trata-se aqui de determinarmos os próprios fins das nossas ações, os quais dependem propriamente da bondade ou da maldade que queremos (racionalmente desejamos) obter. Mediante a **vontade** que demarcamos, nossa ação intenta resultar em verdadeiros bens ou em bens aparentes e falazes.

Assim, nossa vontade nos permite impor um **querer agir** de determinada forma. Para mantermos o mesmo exemplo exposto anteriormente, podemos agrupar as três instâncias da psicologia do ato moral – que só separamos para fins didáticos – para compreender que, **ao deliberarmos** (sabermos dos meios de que dispomos) sobre como agir diante de uma situação que se nos apresenta (um amigo que precisa de ajuda), **escolhemos** (optamos entre os meios possíveis) agir com generosidade, utilizando uma reserva monetária de que podemos dispor, com o propósito de socorrer nosso amigo, em virtude do fato de **querermos** (termos vontade ou intenção de) que ele se restabeleça.

A ética de Aristóteles, bem como a sistematização de toda a sua filosofia, foi e continua sendo de grande importância para a tradição filosófica. Toda honraria prestada a ele no período da escolástica não foi sem razão e, ao depararmos, em Tomás de Aquino (um dos expoentes da filosofia medieval), com uma continuidade e um tutorial de filosofia moral, por assim dizer, da obra aristotélica, não resta dúvida da envergadura do pensamento moral do estagirita. Por isso, entre tantos outros célebres pensadores, ele foi o único, na Idade Média, a ser honrado com a alcunha de *O Filósofo*.

2.4
A ética epicurista

A escola de Epicuro de Samos (341 a.c.-271 a.c.) ficou conhecida como O Jardim, lugar onde o mestre e seus discípulos se reuniam para tratar dos temas que os instigavam. O cenário histórico no qual se originou e se desenvolveu o epicurismo é de grande importância para compreendermos a filosofia dessa escola helenística. A história nos relata que a civilização grega que ditou as regras e conquistou os povos ditos bárbaros* à época se encontrava em franca derrocada. A Grécia, potência em todos os campos, não passava de um domínio macedônico, ou seja, a Macedônia imperava sobre os gregos. Com a sensação de abandono e derrota, surgiram diversos pensadores e escolas almejando encontrar soluções e propor um estilo de vida no qual o indivíduo se percebesse remediado, já que a pátria e, com ela, a cidade eram regidas por costumes alheios.

2.4.1 A virtude no epicurismo

A ética epicurista é regida pela busca dos prazeres, e o prazer é a ausência da dor, segundo Epicuro (1985). Não é difícil entendermos que todo sujeito que se percebe buscando algo aprazível aos seus desejos ou instintos (ao menos, momentaneamente) visa sanar um desconforto provocado pelo próprio desejo ou instinto. Como o principal objetivo da filosofia moral epicurista está focado nos prazeres do indivíduo, costuma-se também tratar o epicurismo como uma ética hedonista, isto é, na qual o prazer individual é um bem.

---

* Para os gregos, bárbaros eram os povos que não falavam a língua grega.

Dessa forma, a vida feliz, que busca a vivência dos prazeres evitando a dor, corresponde à virtude epicurista. Todavia, precisamos ter bem claro quais são os tipos de prazeres e de que modo o homem deve buscá-los; do contrário, ele pode agir de modo a trazer ainda mais dor para a sua vivência.

Para compreendermos bem a filosofia moral epicurista, precisamos nos acercar das teses sobre a física dos filósofos do Jardim, pois a concepção materialista que fundamenta todo o pensamento do epicurismo está também presente, como não poderia ser diferente, na ética da escola. Conforme o materialismo epicurista, a realidade existente é composta por átomos (partículas indivisíveis da matéria). Assim, os átomos se agrupam sob determinada forma ou modelo e temos, então, as coisas do mundo. Diante desse entendimento, o epicurismo postula que tudo o que existe é formado por átomos, inclusive a alma racional do homem.

Não entraremos no mérito metafísico ou cosmológico da questão materialista de Epicuro e seus discípulos (como descrevemos anteriormente), porém ela é importante sob o ponto de vista ético quando propõe uma explicação da dor como uma desordem dos átomos na constituição do corpo. Segundo a física epicurista, a má ordenação dos átomos resulta na dor. Como os átomos são a constituição elementar de tudo o que existe, a alma, que também é formada por átomos, encontra-se com alguma alteração na sua disposição quando não está tranquila. Com efeito, assim como o corpo padece com a dor se os átomos não estão ordenados adequadamente, também a alma encontra-se intranquila ou perturbada se os átomos que a compõem estão em desordem.

Ao compreendermos isso tudo, conseguimos acatar a tese da filosofia moral epicurista, segundo a qual a correta constituição dos átomos na formação das coisas responde pela harmonia dos elementos tais como deveriam ser. No que diz respeito à alma racional humana, o estado de harmonia, isto é, a disposição adequada da composição dos átomos, permite a ela encontrar-se em estado de tranquilidade. Aqui estamos diante do estado de **ataraxia** (imperturbabilidade da alma), descrito pelo epicurismo. Na tranquilidade da alma, podemos gozar dos prazeres, pois estaremos certos de que deles faremos bom uso.

A justa fruição dos prazeres, que nos permite alcançar a **ataraxia**, conforme os epicuristas, decorre da postura de autocontrole que determinamos a nós mesmos diante da moderação. Para que a fruição de um prazer de fato não venha a ser causa de nossa dor, precisamos ter o autogoverno (ou regulação interna no momento em que nos lançamos a algo aprazível a nós) – essa noção de autocontrole é entendida pelo epicurismo como **autarquia** (habilidade em ter o governo de si mesmo).

A **autarquia** e a **ataraxia** são disposições da alma racional: a primeira condiciona a vivência dos prazeres, e a segunda resulta da reta direção dada à ação empreendida com o propósito de obter prazer. Contudo, nenhuma dessas disposições nos expõe aos prazeres ou nos apresenta o que são eles. Assim, Epicuro acredita ser necessário instaurar uma hierarquia dos prazeres, a fim de que a alma racional possa saber quais deles deve buscar, quais pode buscar e, por fim, quais são aquelas situações e condutas que só aparentemente são um bem, pois, com o tempo, terminam por revelar-se fonte de dor e aborrecimento, ou seja, não geram a ataraxia, logo, *grosso modo*, nem mesmo seriam prazeres.

2.4.2 *A hierarquia dos prazeres epicuristas*

Com a hierarquização dos prazeres, Epicuro (1985) busca a naturalização da conduta mediante uma espécie de tábua moral na qual o cumprimento dessa ordenação deveria levar o indivíduo à vivência

reta dos prazeres e, por conseguinte, à virtude. Nesses termos, para o epicurismo, os prazeres são de três tipos:
1. os naturais e necessários;
2. os naturais e desnecessários;
3. os não naturais e desnecessários.

A nosso ver, em primeiro lugar, devemos procurar entender o seguinte: O que Epicuro entende por *natural* na adjetivação dos prazeres? O que pretende dizer com *necessário*?

Quanto ao primeiro termo (natural), isto é, quanto à indicativa de naturalidade de certos prazeres, podemos conjecturar que se trata de uma disposição intrínseca à própria constituição do homem. Assim, dizer que algo é natural significa apontar que há no ser em questão uma condição imposta pela natureza de sua constituição humana. Em suma, o natural refere-se ao fato de que tal disposição (natural) já se encontra desde sempre em cada indivíduo de determinada espécie.

No que diz respeito ao segundo termo, ou seja, na indicação da necessidade dos prazeres, podemos entender que se trata de uma condição sem a qual o ser em questão (o homem) deixa de existir ou se enfraquece. Assim, quando algo necessário, que tem de ser realizado, deixa de acontecer, entendemos que não se pode cumprir totalmente a exigência do existir de uma forma determinada. Em resumo, se a necessidade não é cumprida, o ser perde (aos poucos ou de uma só vez) sua existência – ele deixa de existir.

Diante disso tudo, podemos entender que a hierarquia dos prazeres no epicurismo indica quais deles detêm prioridades sobre os demais. Devemos tentar garantir ou assegurar a realização dos prazeres naturais e necessários e até dos naturais e desnecessários, mas perceber que a busca dos não naturais e desnecessários (em si mesmos) acaba por causar sofrimento/dor, como você pode ver no Quadro 2.1.

Quadro 2.1 – Hierarquia epicurista dos prazeres

Prazeres	Ações	Noção	Encaminhamento
Naturais e necessários	Comer, beber, dormir, andar etc.	Dever	Buscar em vista da ataraxia.
Naturais e desnecessários	Comer alimentos caros, tomar bebidas refinadas, dormir com travesseiros de pena de ganso etc.	Poder	Buscar com autarquia.
Não naturais e desnecessários	Poder, riqueza, fama, ostentação etc.	Querer	Evitar em vista da ataraxia.

Vemos que a proposta epicurista de uma ética pautada na noção dos prazeres não se deixa entender pelo jargão "tudo vale", como se poderia pressupor. Pelo contrário, para buscarmos os prazeres e vivermos em pleno acordo para com a razão, faz-se necessário a possibilidade de estabelecer prioridades quanto às realizações que almejamos, a fim de gozarmos da felicidade.

2.4.3 Epicuro e o caminho para os prazeres: o tetrapharmakon

Diante do quadro exposto anteriormente, devemos ter em mente que, para o epicurismo, a virtude é a busca moderada dos prazeres. A moderação é obtida pela vivência da vida prazerosa levando-se em conta a autarquia e com a intenção de alcançar a ataraxia, ambos conceitos centrais na ética epicurista.

Como modo ou método seguro para a busca e a vivência dos prazeres, Epicuro e seus discípulos elaboraram o *tetrapharmakon* (o quádruplo remédio). Trata-se de quatro receitas ou meios de que devemos dispor na procura de uma vida feliz, o que para a ética epicurista se traduz, sem embargo, como uma vida prazerosa. São na realidade sentenças imperativas para que o homem evite o sofrimento e que, portanto, permitem a ele vivenciar suas ações e escolhas de modo prazeroso. Esses imperativos são assim apresentados:

1. **Não se devem temer os deuses**, porque eles nada interferem na vida do homem. São entidades que habitam outra realidade e não se desgastam em inteirar-se da vida mortal.
2. **Não se deve temer a morte**, pois o medo da morte é irracional; assim, não pode convir ao comportamento de uma alma racional, como é o caso do homem. É um medo irracional porque temos consciência de que a morte vai chegar um dia.
3. **O prazer, compreendido com justiça, pode ser alcançado por todos**; se o homem busca vivenciar qualquer prazer moderadamente (de modo justo), então ele só pode se beneficiar disso.
4. **Toda dor é de breve duração ou facilmente suportável**, pois conseguimos perceber que algo desconfortável ou que gera sofrimento dura um período de tempo apenas, depois passa. Se passou e não perecemos, significa que pudemos suportá-lo.

Finalmente, devemos compreender com a ética epicurista que a busca pelos prazeres pode, sim, ser encarada de modo hedonista, ou seja, como algo que diz respeito à busca pelos prazeres por parte do indivíduo. Contudo, o que mais se destaca nessa filosofia moral é o fato de ela buscar, também, aproximar ao máximo o comportamento do plano da racionalidade da alma. Tomando como base uma concepção materialista do mundo, a ética do epicurismo busca salvaguardar todas as condições de uma vida feliz nesta vida corpórea, material. A felicidade, nesse sentido, é algo a ser buscado pelo homem no plano do mundo, não mais apenas em harmonia com a *pólis*, mas procurando vivê-la em qualquer região do mundo. Trata-se, portanto, de uma ética cosmopolita.

2.5
A ética estoica

A expressão *filosofia estoica* deriva de *filosofia do pórtico* (*stoa*, em grego) e tem início no século IV a.c., estendendo-se até o século II d.c. A tradição filosófica atribui a criação da Escola do Pórtico a Zenão de Cício (333 a.c.-263 a.c.), que, por não ter o título de cidadão ateniense, utilizava o espaço de entrada da cidade para reunir seus discípulos.

O estoicismo é considerado uma filosofia prodigiosa, pois teve a continuidade e o desdobramento de suas teses ao longo dos anos. Nesse sentido, o estoicismo romano é entendido como um aperfeiçoamento do estoicismo grego.

2.5.1 A razão universal (logos) e a moral

Toda a filosofia moral grega do período antigo está pautada na alma racional, e com o estoicismo não é diferente. Assim como as demais teses éticas, a escola estoica pauta seu questionamento sobre a moral em seus postulados metafísicos, fundamentando sua ética na física e na gnosiologia tal qual as concebe. Desse modo, para os estoicos (Gazola, 1999, p. 94), existe uma **razão universal** (*logos*), uma inteligência suprema que se encarregou da ordenação de todas as coisas existentes (*physis*) por meio das razões seminais (germes ou sementes que servem de fundamento para tudo o que existe).

Tendo organizado tudo o que existe, esse *logos* universal determinou todas as possibilidades de existência e a totalidade de interações ordenadas possíveis entre os seres existentes. Isso nos permite entender que tudo o que é gerado na natureza (*physis*) é predeterminado a existir, interagindo dentro dos limites preestabelecidos pela ordenação da razão universal. Compreender a ordem é entender que tudo tem um sentido, nada é ao acaso, pois tudo é provido para que a harmonia do mundo (*kosmos*) se mantenha segundo o plano preestabelecido (do destino, da providência). A razão universal permite o conhecimento, ou o alcance de certas razões seminais, principalmente o conhecimento de que a alma racional humana pode ou mesmo deve participar do plano estabelecido pelo *logos* universal (Gazola, 1999, p. 107).

Nesses termos, somente quando o homem se reconhece como parte integrante de um plano preestabelecido (pois organizado pela razão) na ordem de tudo o que existe – na ordem natural – é que ele pode se lançar ao melhor, vislumbrar a virtude, que é ser sábio. Apesar de difícil acepção, o termo *sábio* na ética estoica, bem como em toda a ética grega antiga, refere-se ao indivíduo mestre que é reconhecido tanto por sua inteligência teórica quanto por sua boa condução da vida prática.

2.5.2 *A natureza e a virtude estoicas*

Para o estoico (Gazola, 1999, p. 57), virtuoso é o homem que, de acordo com a sua natureza (racional), procura conhecer e vivenciar o plano preestabelecido pela razão universal (*logos*). O sábio estoico é o exemplo daquele que vive a virtude plenamente, ou seja, o indivíduo que atinge a **ataraxia** (a imperturbabilidade da alma). Todavia, para alcançá-la, é preciso, antes de tudo, a eliminação das paixões (apatia) na alma. Com efeito, o homem de virtude estoica sabe que existem eventos que dependem de suas ações, porém há outros tantos que independem da ação dos indivíduos.

Diante disso, devemos entender que a ética estoica não pode ser desvinculada da epistemologia, pois o saber é condição imprescindível para a ação virtuosa. Com efeito, a alma racional é que dita as exigências do agir; este, por sua vez, tem por finalidade a aquisição de um estado (a ataraxia) do qual a própria alma se beneficia. Portanto, a concepção da vivência de acordo com a natureza ganha esse contorno.

No entanto, não podemos nos furtar à compreensão estoica de que a busca pela vida racional (o viver de acordo com a nossa natureza) deve estar em acordo com o plano preestabelecido mediante o *logos*. Isso implica dizer que, antes de tudo, para o estoicismo, o indivíduo deve buscar conhecer ao máximo esse plano preestabelecido (Gazola, 1999, p. 103).

Somente a razão universal é capaz de saber plenamente o plano que se estabelece como destino ou providência; todavia, a razão humana, por ter uma parte (ainda que ínfima) da racionalidade universal, ou seja, por operar – guardadas as proporções – de modo semelhante à razão universal, pode participar ativamente na ordenação e na conservação das coisas.

Para que o exposto anteriormente seja possível, a ética estoica é enfática quando estabelece o campo de possibilidade das ações humanas. Trata-se de entendermos, como os estoicos (Gazola, 1999, p. 96), que certos eventos no mundo não dependem em nada da maneira como agimos e que, por outro lado, outras situações mundanas têm relação direta com a maneira como optamos por agir.

Assim, o sábio estoico deve questionar e saber: Qual ação depende de nós, humanos? Qual não depende de nós? A tarefa da **vontade** é a de nos apresentar essas reflexões e suscitar nossa escolha por agirmos bem para darmos continuidade à harmonia cósmica, isto é, acolhermos algo que depende nós.

Para tanto, precisamos nos educar em saber coisas boas que dependem de nós e que devemos buscar para sermos felizes, tais como as virtudes de ser corajoso, bondoso e justo. Também precisamos saber que existem coisas más que dependem de nós e que devemos evitar, tais como os vícios e as paixões – ser imprudente, covarde, guloso, raivoso. Há ainda certos tipos situações e de coisas às quais devemos ser indiferentes, e é aí que repousa a originalidade da ética estoica – conceber a existência de situações que não são dadas ao controle humano.

Assim, não é nada racional nos deixarmos perturbar com coisas nas quais não podemos intervir por meio de nossas ações. Para o estoicismo, ser indiferente refere-se diretamente ao sábio que vive de acordo com a natureza (Gazola, 1999, p. 107). Isso porque ele aceita a racionalidade natural, que lhe informa não haver ação possível para alterar a situação ou os eventos que ultrapassam o poder humano, restando então à alma racional não se deixar perturbar com os eventos aos quais deve se mostrar indiferente. São exemplos de coisas às quais devemos ser indiferentes, isto é, com as quais não devemos nos preocupar porque estão além de nosso poder: a morte, o poder, a saúde ou a doença, a riqueza. Reflita por um momento: como você se sente (quais emoções lhe afloram na mente) diante das situações que você não tem poder para alterar?

Com o exercício do domínio das paixões, um dos principais objetivos da ética estoica, o virtuoso apresenta-se como aquele que não se deixa perturbar pelas paixões que são motivo de infelicidade. Para os estoicos, a **apatia** (eliminação das paixões) é o que se deve buscar cada vez mais para alcançar a paz interior – a ataraxia. O estado de imperturbabilidade da alma, portanto, é o que se deve alcançar com essa ética, é o que determina o escopo da ética da *stoa* (Gazola, 1999, p. 95).

Tudo isso só ganha sentido quando se acolhe a noção do plano preestabelecido como ordem geradora de tudo, ou plano cósmico, que, para os estoicos, traduz-se na vivência virtuosa como o *amor fati* (Gazola, 1999, p. 98), expressão latina que significa "amor ao destino" e que pode ser entendida como o amor à vida, o amor ao necessário, a condição de aceitar este mundo e amá-lo. Isso não é outra coisa senão a aceitação ativa, buscada pelo exercício da vontade em participar (promovendo ou mantendo) desse plano harmonioso do mundo, tal qual a razão universal (*logos*) o elaborou.

Síntese

Neste capítulo, examinamos algumas das propostas éticas que foram desenvolvidas ao longo da Idade Antiga, sobretudo as concepções da cultura grega.

De acordo com a concepção socrática, somente podemos conhecer o bem mediante o alcance de nossa alma racional. É esse o limite, é essa a condição que Sócrates coloca para fundamentar sua ética. Isso porque somos essencialmente alma. Assim, devemos compreender que a alma se serve do corpo (como instrumento) para praticar o bem que ela alcançou como resultado de um conhecimento certo e seguro. Quando o corpo passa a ditar as regras, invertemos a ordem, e as paixões e os instintos corpóreos nos fazem (irracionalmente) admitir como bem aquilo que, na realidade, se fosse lançado ao crivo da razão, se mostraria como equivocado.

Conforme a filosofia moral de Platão, o homem deve compreender que sua alma racional é o meio pelo qual ele pode atingir a redenção de sua existência, via conhecimento do mundo. A virtude é esse conhecimento, pois diz respeito diretamente ao elemento intelectual, que é próprio da alma do homem. Na essência humana, encontram-se dispostos elementos de três tipos, que são desenvolvidos ou suprimidos pelo indivíduo e refletem o seu agir, permitindo a alguns conhecer e ensinar o bem; a outros proteger e fazer respeitar o bem; a outros, ainda, vivenciar de forma limitada o bem, sob a influência dos tipos anteriores.

Já a filosofia moral aristotélica é tida como uma ética eudaimônica. Foca na racionalidade, a exemplo de todas as éticas do período, procurando estabelecer que a virtude do homem está no agir justo, ou seja, na ação moral capaz da justa medida entre o excesso e a falta. Isso somente é possível de ser alcançado mediante o emprego da deliberação, da escolha e da vontade humana em cada situação particular que se apresente ao homem.

A ética epicurista é mais um exemplo de ética pautada na capacidade racional da alma humana. Como o epicurismo é uma filosofia materialista, sua ética segue essa concepção e atribui a virtude ao plano da disposição ordenada dos átomos presentes em uma forma, a saber, a humana. A vivência dos prazeres é a virtude para o homem, que busca a ataraxia por meio da autarquia. Nesse sentido, o indivíduo precisa saber que há uma hierarquia dos prazeres e que necessita trilhar um caminho seguro, por meio dos "quatro remédios", que podem auxiliá-lo na obtenção de uma vida prazerosa.

Por fim, vimos que reconhecer-se como parte de um plano cósmico engendrado pela razão universal (*logos*) é a tarefa do sábio estoico, que busca a virtude na vida de acordo com a sua natureza, ou seja, de acordo com a racionalidade que nele opera. A imperturbabilidade da alma (ataraxia) é o cume a ser atingindo pelo homem virtuoso, que busca alcançá-lo por meio da eliminação das paixões (apatia), centrado em conhecer as ações que são boas e que pode promover, outras que são más e que não deve promover e, ainda, aquelas às quais ele deve ser indiferente, pois estão fora do poderio humano no que diz respeito à capacidade tanto de promovê-las quanto de evitá-las.

Atividades de autoavaliação

1. Para Sócrates, a má ação não deveria ser entendida como voluntária. Essa afirmação é correta porque, para ele:
   a) o mal é fruto da sabedoria e somente o sábio conhece a si próprio para bem agir.
   b) o mal é resultado da lógica dialética aplicada que suporta tanto o bem quanto seu oposto.

c) o mal é fruto da ignorância – por não conhecer é que o homem age equivocadamente.
 d) o mal é fruto do castigo que devemos enfrentar, por desobediência aos preceitos divinos.

2. A ética platônica e a ética socrática são noções próximas como filosofias morais. No entanto, elas diferem quanto à noção de alma. Isso porque:
 a) para Platão, nem todos têm a mesma capacidade, embora todos tenham alma racional.
 b) para Platão, há cinco almas todas diferentes, o que as impede de conhecer de forma igual.
 c) para Platão, todas as almas são iguais e não há discriminação de almas, pois isso seria preconceito.
 d) para Platão, mulheres e crianças são as almas puras e especiais, e somente elas conhecem a ideia de bem.

3. Segundo a ética platônica, a alma racional pode ser entendida em níveis distintos de virtude, aos quais correspondem os seguintes conceitos:
 a) ouro, cobre e intelectual.
 b) concupiscível, irascível e intelectual.
 c) irascível, emocional, prata e bronze.
 d) ouro, magia, prata, bronze e irascível.

4. Segundo a ética epicurista, os prazeres que devemos buscar como meios para a realização da virtude compõem uma hierarquia. Assinale a alternativa que indica os prazeres que devemos buscar, organizadas na ordem correta:

a) Práticos e éticos; naturais e não naturais; naturais e prazerosos.
b) Naturais e desnecessários; não naturais e desnecessários; virtuosos e não naturais.
c) Naturais e necessários; naturais e não naturais; naturais e culturais.
d) Naturais e necessários; naturais e desnecessários; não naturais e desnecessários.

5. A razão universal, para os estoicos, é um conceito da física que determina o campo da moral dessa escola filosófica antiga. Sobre isso, assinale a alternativa que melhor indica a necessidade de pensarmos a providência no campo dessa ética helenista:
    a) O *amor fati* é a concepção que os estoicos têm sobre a aceitação do plano preestabelecido pela razão universal, da qual nossa razão é uma pequena centelha.
    b) A razão do homem é perfeitamente capaz de conhecer o plano universal por inteiro, basta o auxílio da vontade e das paixões, que devem fomentar o ímpeto humano em querer conhecer.
    c) Nossa razão está em perfeita harmonia com a razão universal que ordena o mundo; ambas constroem, para os estoicos, uma relação de mútua dependência, isto é, uma precisa da outra.
    d) A ética é mais importante do que a física, para os estoicos, pelo fato de a razão universal ditar as regras morais por meio das razões seminais para depois criar o mundo.

Atividades de aprendizagem

Questões para reflexão

1. Para os epicuristas, o que seria a virtude? Seria possível traçar uma comparação entre a virtude proposta por eles e a finalidade do melhor agir nos tempos de hoje? Elabore uma justificativa para sua resposta.

2. A prudência, na ética aristotélica, é responsável pela ponderação e auxilia na escolha deliberada. Tais elementos constituem a psicologia do ato moral, que almeja alcançar a excelência na ação, ou seja, a virtude. Assim, o que Aristóteles entende por *virtude* e quais elementos da psicologia do ato moral são ainda necessários para a ação virtuosa?

3. Quais são o sentido e a importância dos conceitos de apatia e ataraxia na filosofia moral estoica?

Atividade aplicada: prática

Consulte o espaço dedicado à filosofia no Portal Grécia Antiga (disponível em <http://ww2.greciaantiga.org/>) e procure fazer uma síntese dos conteúdos referentes à ética na filosofia antiga. Depois, elabore um texto, o qual você poderá compartilhar com seus colegas de estudo.

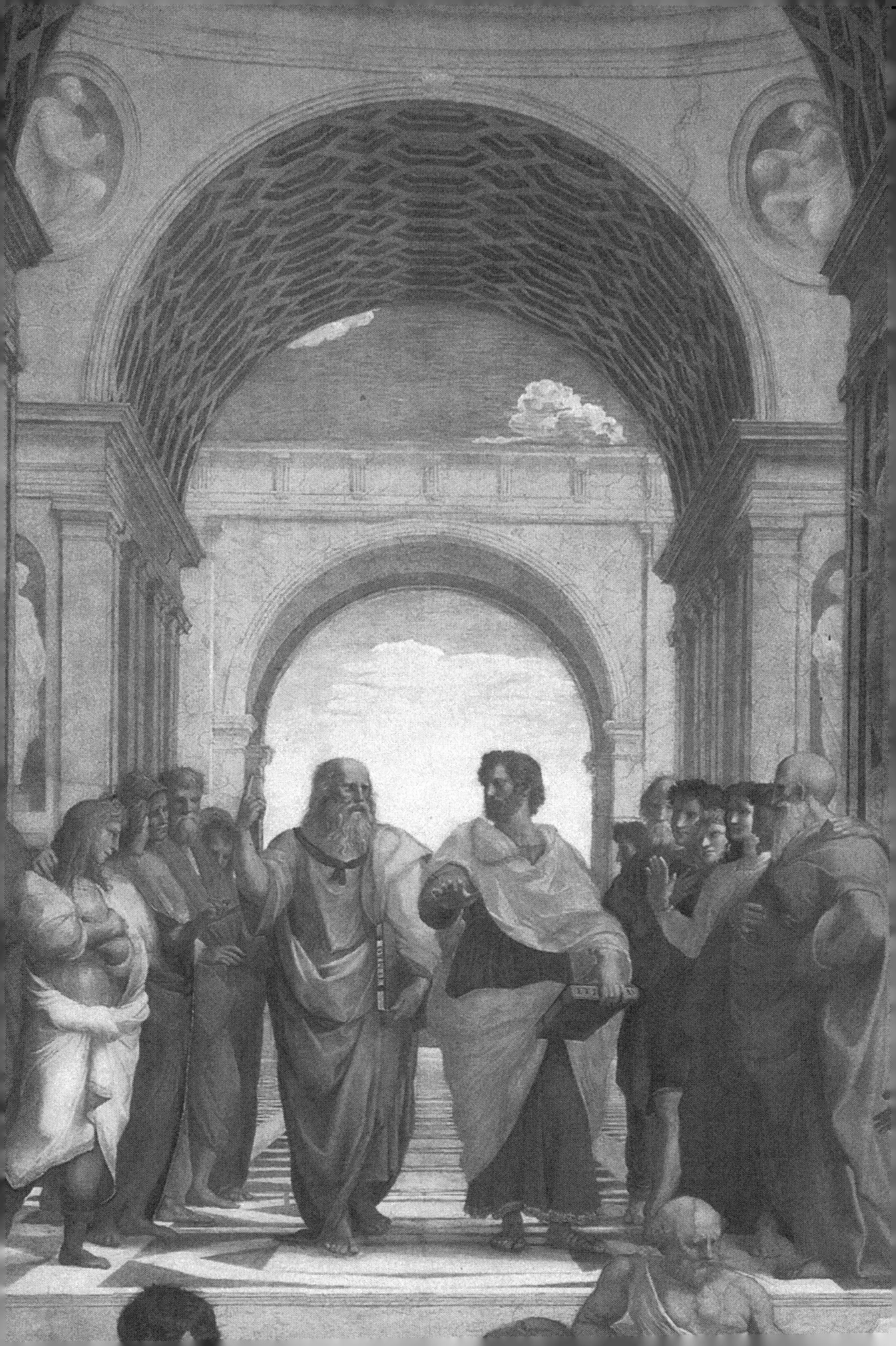

3

Ética medieval

O período entendido como Idade Média já foi por diversas vezes menosprezado ou difamado quanto a sua importância, principalmente no que se refere ao conhecimento produzido na época. Hoje, no entanto, sabemos que foi um período fértil no desenvolvimento de tecnologia, ciência e técnicas de educação. Em nosso excurso sobre a filosofia moral e ética ao longo dos tempos, vamos nos debruçar, neste capítulo, sobre a Era Medieval no intuito de estabelecer o avanço e o aperfeiçoamento (se assim podemos dizer, em matéria de conduta) provocados pelas ações humanas em um momento tão expressivo (com duração de, praticamente, dez séculos) da história da humanidade.

Marcada essencialmente pela conduta embasada na **religiosidade cristã**, a ética medieval inaugura novos modos de pensar e propor a moralidade. Podemos entender a inovação sob dois aspectos, a saber, pelo abandono da cosmovisão mundana e pelo surgimento acentuado da subjetividade (a ideia de indivíduo é fundamental na moral medieval). No que diz respeito ao abandono da cosmovisão mundana, devemos compreender que a ética medieval concebe a ideia de que o fim último da vida humana (a felicidade) não está neste mundo, mas em outro plano a ser alcançado após a vida terrena. Nesse sentido, a recompensa (ser feliz) fica vinculada à condição de uma conduta pautada na busca pela perfeição moral (santidade), a qual, por sua vez, estava centrada no amor a Deus.

Naquilo que se refere ao surgimento da subjetividade, a noção de indivíduo assume uma importância jamais vista na história do pensamento ocidental. Isso porque, na ética antiga, que também pode ser chamada de *ética pagã* (como você já deve ter observado pelo conteúdo dos capítulos anteriores), prevalecia na moral o sentido de comunidade, marcando a centralidade de pensarmos a conduta dos sujeitos em relação intrínseca com a comunidade. Ao contrário, na ética medieval (intitulada também de *ética cristã*), há o trato da moral do ponto de vista estritamente pessoal, ou seja, da relação entre cada indivíduo e Deus. Desse modo, a subjetividade assume uma importância desconhecida se comparada ao período antigo.

Contudo, precisamos notar que a ética medieval herda da filosofia moral do período grego alguns aspectos e conceitos que são recombinados na formação da doutrina cristã. Um dos conceitos que são centrais para ambas é a noção de virtude como melhor ação possível para o homem. No período medieval (todo ele), a **virtude** é a **santidade**. Trata-se de como nós, seres humanos, buscamos agir de acordo com a vontade divina, correspondendo ao fundamento que deve sustentar as ações do homem de bem, que, naquele momento histórico, era entendido como sendo o cristão temente a Deus.

3.1
A ética de Agostinho

Inserida no período *medieval*, a filosofia moral de Agostinho de Hipona, também conhecido como *Santo Agostinho* (354-430), bem como todo o sistema filosófico do pensador, é encarada como fundamento da patrística* latina. Nascido em Tagaste, na África, Agostinho teve uma educação erudita, a qual lhe permitiu posteriormente ensinar retórica em Roma. Adepto do maniqueísmo** durante um período de sua vida, escolheu abandonar essa doutrina e passou a confessar a religião cristã. Anos depois, em razão de seus trabalhos e escritos, foi aclamado bispo da cidade de Hipona, onde veio a falecer com 76 anos de idade (Agostinho, 1980, p. 12).

A filosofia agostiniana é devedora da concepção platônica e neoplatônica da filosofia. Com a ética proposta por Agostinho acontece o mesmo que com as demais concepções formuladas, ou seja, facilmente

---

* A patrística refere-se ao período histórico-filosófico compreendido entre os séculos IV e VIII, no qual foram formulados a doutrina e os dogmas da religião cristã. Essa filosofia recebeu esse nome em referência ao grupo de teólogos e livres pensadores que a formularam, intitulados *padres da Igreja* (devemos ter em mente que nem todos eles eram sacerdotes cristãos). Entende-se que a patrística tenha tido duas fases, primeiramente, a grega e, posteriormente, a latina. Nesta última, Agostinho é o pensador que mais se destaca.

** Filosofia ou seita de origem persa que defendia a existência de duas essências cósmicas universais em conflito permanente entre si, o bem e o mal. Na medida em que uma delas estivesse "vencendo" momentaneamente o conflito, poderíamos perceber isso de acordo com o andamento de todas as coisas que nos cercam.

podemos identificar conceitos platônicos imiscuídos em seu pensamento. A especificidade agostiniana, no que se refere à filosofia moral, dá-se pelo papel que o conceito de fé encerra em si mesmo e acaba se estendendo às demais acepções de termos. Com efeito, podemos entender que a ética agostiniana mescla os elementos do platonismo às necessidades da fé cristã (Hirschberger, 1966, p. 115).

Na ética de Agostinho, a santidade (que é a **virtude** última cristã) a ser alcançada, como dom da graça divina, pressupõe a **fé**. Primeiramente, precisamos nos acercar de toda a concepção cosmorreligiosa por trás do conceito do mito de criação, noção esta que nos leva a entender que a condição atual em que o ser humano se encontra faz referência ao primeiro vivente (Adão), que, por desobediência à ordem divina, foi punido com a expulsão do paraíso*. Com efeito, as ações humanas, que antes eram ingênuas (símbolo do não conhecimento do bem e do mal), passam a ser julgadas moralmente, ou seja, passíveis de serem entendidas sob a ótica da ordem divina ou como aversão a essa ordenação das coisas divinas, pois agora o homem **sabe** e não tem mais a inocência no fazer, ele detém o conhecimento (Hirschberger, 1966, p. 116).

A tentativa de retorno ao estado paradisíaco figura como fim último para as ações da alma humana, esta que almeja reaproximar-se de Deus agindo de acordo com a sabedoria divina. Com efeito, a santidade (o agir moral irrepreensível em acordo com a ordem divina), como virtude, opõe-se ao **vício**, que, na ética agostiniana, tem o sentido de **pecado** (ação contra Deus ou que lhe causaria ofensa). Assim, de modo geral, existiriam apenas dois tipos de ações ou condutas as quais nós, seres humanos, poderíamos empregar: se, por um lado, podemos agir virtuosamente, de acordo com a graça divina, em busca da salvação e da

---

* Cf. Gênesis – mito da criação (Bíblia. Gênesis, 1996, 3:23)

santidade, por outro, podemos também agir viciosamente, de acordo com nossa opção avessa àquela graça, causando, desse modo, nossa condenação ou perdição, segundo Agostinho. Mas o que nos permite agir de acordo com a ordem divina ou em desacordo com ela? Ora, para Agostinho, não há dúvida de que nossa conduta dá-se pelas escolhas que fazemos mediante nossa capacidade de livre-arbítrio.

A noção de livre-arbítrio constitui, segundo Agostinho, uma disposição da alma humana que permite ao indivíduo julgar as escolhas de suas ações (Hirschberger, 1966, p. 93). Nesse sentido, no contexto da ética cristã, podemos compreender que se trata da capacidade de cada indivíduo de agir mediante a escolha de aproximar-se ou afastar-se de Deus.

Devemos estar cientes de que, para Agostinho, Deus criou todas as coisas em harmonia, tudo foi criado para o bem (que, em última instância, é Deus mesmo), e as ações humanas podem manter a ordenação criada ou, se assim o ser humano escolher, destoar do plano harmônico. A ideia inédita do livre-arbítrio surge na ética agostiniana para explicar a origem do mal ou a noção de pecado, com base na seguinte indagação: se Deus, que é o bem supremo, cria tudo para o bem, como, então, surgem o mal e o pecado? Ora, responderá Agostinho, apoiado em sua ontologia, o mal não existe ontologicamente, tudo o que existe é um bem e, assim, tudo o que existe está de acordo com a ordem estabelecida pela razão divina.

Nosso intelecto, que não alcança a plenitude do intelecto de Deus, somente alcança parte do projeto divino e, por isso, costuma (ingenuamente) julgar certas coisas como sendo um mal. Todavia, elas não seriam más, apenas situações ou casos nos quais a graça divina se apresenta ainda de forma misteriosa. Assim, por exemplo, quando julgamos uma doença como algo ruim (um mal), não estaríamos vislumbrando que seu efeito, na verdade, se encaminha, no fim, para algo bom (um bem);

isso talvez apaziguasse a agitação do doente, ou servisse de pressuposto para que seus familiares e amigos passassem a ter mais paciência e carinho com o indivíduo, ou, ainda (quem sabe), para que uma alma atormentada pela enfermidade de um terceiro viesse em socorro desse irmão em Cristo e o visitasse, como ensinam as Sagradas Escrituras.

Enfim, aquilo que o intelecto divino projeta como meio ou fim imediato para estabelecer a harmonia* de toda a criação – como eventos que ocorrem para o bem e por ele são promovidos –, no mais das vezes, é compreendido de forma equivocada pelo intelecto humano, que, na atribulação ou na dificuldade, entende as coisas ou situações como más, quando, na verdade, o mal não existe nas coisas. Somente há o mal moral (o pecado), que é colocar-se à parte ou contra o plano de Deus.

Por meio disso tudo, Agostinho constrói o terreno para a instituição da fé como elemento essencial da moralidade (Hirschberger, 1966, p. 101). Ele nos faz entender que somente o homem que crê é capaz de escolher praticar ações em consonância com o plano divino. A fé é a condição para a compreensão da obra de Deus e de seus mandamentos. Temos então que aqueles que escolhem agir pela promoção e manutenção da ordem celeste são indivíduos que agem virtuosamente, uma vez que pela fé exercem uma vida de negação ao pecado, buscando conhecer a forma de melhor servir ao plano divino.

Concedida pela graça divina, a fé é um dom dos predestinados, dos escolhidos, para manter o bem no mundo em função do bem supremo. Com a doutrina ou a teoria da predestinação, Agostinho opõe-se ao

---

* O conceito de harmonia aqui é entendido com base na acepção musical mesmo; a harmonia se consegue por meio da mescla e da inserção de tons altos (ou agudos) e baixos (ou graves). A música como um todo é o efeito de um plano que coaduna diversas situações aparentemente em desacordo.

intelectualismo e à autonomia construídos na ética pagã*. Quando o indivíduo age prescindindo da fé, ele opta por agir de acordo com sua vontade; para Agostinho, a vontade é uma faculdade do corpo, e esta leva sempre ao vício.

A noção agostiniana de corpo baseia-se totalmente na noção platônica, a saber, a de que o corpo é a fonte dos erros e se opõe à capacidade da alma de escolher por meio do livre-arbítrio. A vontade é corpórea. Em Agostinho, trata-se de um impulso que nos inclina às paixões pecaminosas do corpo. Assim, a alma é o espaço em que habita a fé do homem, permitindo ao indivíduo a compreensão dos auspícios divinos e dando-lhe a condição para agir segundo a virtude. Dessa forma, institui-se a hierarquia entre a fé e a razão, com parcialidade inconteste para a primeira, permitindo-nos a interpretação – quase unilateral – do lema agostiniano: "crer para compreender e compreender para crer" (Hirschberger, 1966, p. 35).

Para Agostinho, não há dúvida de que a liberdade do homem é o serviço fiel (fé incontestável) a Deus: **ser livre** é **servir a Deus**. Submeter-se ao plano divino, por meio da faculdade da alma, que é o livre-arbítrio, é o melhor possível que o homem pode realizar. Agostinho, como numa espécie de catarse, entende que não é o homem que escolhe uma vivência de acordo com o que Deus quer, mas é Deus que concede aos seus escolhidos (predestinados) o dom da fé e, com esse dom, os indivíduos

---

* O conceito de ética pagã é destinado à filosofia moral anterior ao período medieval. Devemos entender que o indivíduo que pauta sua conduta na ética pagã (em oposição à ética cristã) prescinde da fé para ser virtuoso. Tal comportamento incorre em voltar às costas para o dom concedido pela graça divina; logo, aos olhos dos pensadores cristãos, isso se revelaria um vício. Em suma, as ações pagãs concretizariam a noção de pecado, e não da virtude, da santidade.

podem escolher praticar atos que respondam adequadamente ao bem supremo (por serem livres para entender e agir).

3.2
A ética de Tomás de Aquino

Nascido em família nobre e tradicional, Tomás de Aquino (1225-1224) realizou seus primeiros estudos em Monte Cassino e depois na Universidade de Nápoles. Ao ser enviado para Paris como parte do plano de sua família para dissuadi-lo de ser sacerdote, Tomás de Aquino tornou-se mestre, retornando posteriormente para Nápoles para ensinar. Mais tarde, designado por duas vezes para o ensino de teologia em Paris (entre 1245 e 1259 e, depois, entre 1269 e 1272), intercalou esses períodos, entre outras coisas, com uma estadia em Roma, servindo ao colégio papal por convocação do Papa Clemente IV. Quando Tomás de Aquino terminou seu segundo período de ensino em Paris, retornou a Nápoles, novamente de onde partiu dois anos mais tarde, após receber convocação do Papa Gregório X, para participar do Concílio de Lyon. No meio do caminho para chegar ao concílio, sofreu um acidente que acabou lhe custando a vida (Tomás de Aquino, 1988, p. 8-9).

Considerado o principal pensador do período escolástico, Tomás de Aquino concebeu a relação entre a fé e a razão, entre a teologia e a filosofia sob um ponto de vista totalmente novo no que se refere ao modelo cristão de interpretar o mundo e agir nele. Encontramos a principal marca da filosofia tomista na assimilação que ele fez das traduções árabes do texto aristotélico. Segundo a tradição filosófica, Tomás de Aquino seguiu o aristotelismo e elevou sua importância na Idade Média. Nele encontramos o ápice da filosofia aristotélica a serviço da resolução de problemas teológicos.

No que se refere à filosofia moral de Tomás de Aquino, é fácil entender a importância irrestrita dessa disciplina, pois ela permeia todas as questões de investigação, vivência e promoção do agir humano, sob o ímpeto da religiosidade cristã. A problematização tomista da moral apresenta um conjunto de elementos que se desdobram em aspectos teóricos especulativos, práticos, educacionais, sociais, legais e, principalmente, teológicos. Não é sem razão que tudo o que a ética tomista propõe no período e detém como análise moral também traz implicações diretas para o direito jurídico e o direito canônico (da Igreja).

Pautando-se na teologia e na filosofia que a antecederam, percebemos que a ética tomista insiste no conceito de fé como o principal meio que permite ao homem agir bem. Isso porque a acepção da verdade assumida como imprescindível para a ação virtuosa é a **verdade revelada**. Assim, por si só, o intelecto humano – um intelecto discursivo, segundo Tomás de Aquino – não atinge a verdade em si mesma, ou seja, não conhece os desígnios do intelecto divino. Todavia, a verdade é possível de ser alcançada e praticada pelos homens porque Deus teria concedido a eles a inteligência exatamente para que alcançassem e promovessem a verdade (por meio de seus atos em vida).

Ao contrário de Agostinho (como pudemos observar anteriormente), para quem a graça divina era somente para os escolhidos, para Tomás de Aquino, a inteligência é uma capacidade que habita em todos os seres humanos. Desse modo, o exercício da virtude na ética tomista consiste em aperfeiçoar o intelecto para o conhecimento da verdade que vem de Deus. Para o homem virtuoso, conhecer e praticar a verdade é honrar o intelecto divino, que a tornou possível de ser descoberta. Isso nos ajuda a entender a definição tomista da ética como ciência moral, isto é, um conhecimento teórico e, ao mesmo tempo, prático.

Devemos entender o conhecimento moral em seu aspecto especulativo – quanto ao caráter da racionalidade que ele exige, isto é, como fruto do uso da razão humana que estabelece uma ordem sistêmica sobre os atos da vontade humana, utilizando-se, para tanto, de princípios – e também em seu aspecto prático – quando nos referimos à cultura e à sua busca em estabelecer os costumes e os atos humanos, os quais precisamos entender como casos particulares, ou seja, circunstanciais (contingentes). Esse aspecto prático, segundo Tomás de Aquino, serve para termos exemplos para nosso aperfeiçoamento (se forem bons) ou degradação (se forem o oposto). Já o caráter especulativo nos permite representar leis gerais e propor fins últimos no intuito de buscar a perfeição moral (a santidade) de um modo cada vez mais aprazível a Deus.

Assim, ao analisarmos a filosofia moral tomista, percebemos que o comentário à obra *Ética a Nicômaco*, de Aristóteles, e as próprias teses de Tomás de Aquino na segunda parte da *Suma teológica* compreendem significativamente os fundamentos da ética tomista. Com essas duas obras, entendemos estarem fundamentadas a noção especulativa da moralidade tomista, na primeira, e a acepção prática da moral, na segunda.

A santidade também é, para Tomás de Aquino, a virtude que o homem deve promover com suas ações. Essa virtude, como fim último do agir humano, coincide com a felicidade e não é outra coisa senão o **conhecimento de Deus**.

> *A alma é dotada de uma faculdade cognoscitiva e outra tendencial (appetitiva), sendo que a concordância do ente com a faculdade tendencial se exprime com o termo "o bem" (bonum), conforme está dito no livro da Ética: "O bem é aquilo a que tendem todas as coisas". Em contrapartida, a concordância do ente com a inteligência (faculdade cognoscitiva) está expressa no termo "verdadeiro". Com efeito, toda cognição se efetua mediante uma assemelhação do sujeito que conhece com a coisa conhecida, de tal maneira que a assemelhação foi denominada causa da cognição, assim como*

a visão apreende a cor pelo fato de tornar-se capaz disto pela imagem da respectiva cor. (Tomás de Aquino, 1988, p. 42)

Segundo Tomás de Aquino, somente no conhecimento de Deus, que ocorre por meio do intelecto – e este, por sua vez, se efetua mediante a assemelhação com as coisas conhecidas –, seria permitido sentir e contemplar plenamente o que de fato seria a felicidade. Esse entendimento não nos é dado neste mundo, mas somente em presença do próprio Deus em um mundo posterior.

Há na ética tomista, no que se refere ao ato moral, algumas condições que nos permitem (ou nos servem de guia para) interpretar uma ação como moral e, portanto, digna ou não de ser entendida como virtuosa. Entendemos que a ética tomista remete à condição de **voluntariedade da ação**. Com isso, compreendemos que um ato voluntário precisa ter em sua origem um fundamento intrínseco a si mesmo, da mesma forma que deve ter clara a proposta de fim (finalidade) a que se propõe. Sabemos que agir voluntariamente é posicionar-se diante de um bem ou de um mal; para Tomás de Aquino, a ação humana jamais é indiferente no que tange à perspectiva moral: ou agimos com base na fé (verdade revelada), buscando, assim, o bem ou a boa ação, ou, de outro modo, agimos contrários à fé, almejando o mal.

Aqui fazemos uma pausa para lhe perguntar: O que você pensa sobre isso? É possível praticar uma ação moral de maneira indiferente, ou seja, sem querer o bem ou o mal?

Na filosofia moral tomista, a moralidade é definida primeiramente no que se refere à **materialidade da ação**, isto é, daquilo que constitui propriamente o agir. A análise depois incorre em indagar sobre os envolvidos e as circunstâncias do ato. Por fim, passa ao questionamento sobre a moralidade do ato, que diz respeito à finalidade ou ao objetivo que se tinha em mente ao executar tal ação. A depender da matéria, das circunstâncias e da finalidade ou do objetivo da ação, um ato é julgado como moralmente bom ou moralmente mau, não havendo outro valor para classificarmos as ações humanas.

Segundo nos indica Tomás de Aquino, o ato moralmente mau é o pecado. Este, por sua vez, consiste na ação livre praticada contra a lei moral ou na tentativa de ofender aquilo que deveria ser o fim último de todos os seres humanos, a saber, o conhecimento de Deus. A ética tomista entende que a lei natural foi inscrita por Deus nos corações humanos e, diante disso, os homens se pautam nela para elaborar sua lei moral, que, ao fim e ao cabo, termina por refletir a lei divina.

Precisamos entender que a lei moral serve de medida a qualquer ato humano, isto é, ela regulamenta a ação humana. No que diz respeito ao âmbito teórico da razão, a lei moral na ética tomista se apresenta como um princípio racional ou uma base que tem como fundamento colocar ordem nas ações humanas para o bem comum. Já aquilo que remete à noção prática da vontade compreendemos como sendo uma regra suprema da moralidade: é o próprio Deus que nos revela os princípios racionais que devemos praticar a fim de que possamos agir corretamente e seguir em direção à perfeição moral, ou seja, segundo Tomás de Aquino, esta somente pode ser alcançada com uma vida em Deus.

A ética tomista, a exemplo de toda a ética do período medieval, nos faz compreender que somente em um mundo que não seja este a felicidade é possível, felicidade esta somente alcançada pela concessão gratuita da bondade divina. Ao entender que Deus revela a verdade para que nós, humanos, possamos conhecê-la e praticá-la, Tomás de Aquino quer provar que todas as dificuldades mundanas são obstáculos passíveis de serem vencidos quando o homem se fia na inteligência concedida a ele pelo intelecto divino, que tudo sabe, desde sempre, e que concede o dom ao ser humano de também saber algumas coisas a cada dia, até chegar a conhecer tudo e repousar em contemplação.

Síntese

A *ética medieval,* como um todo, tem por base a noção de santidade como virtude, isto é, a excelência do agir humano.

Vimos que Agostinho de Hipona desenvolve seu sistema filosófico e teológico com base na filosofia platônica. Admitindo a noção dualista (corpo/alma), entende que o indivíduo procura, com sua alma, praticar ações que o aproximem do bem supremo, que é Deus. As ações virtuosas têm por finalidade o alcance da santidade, que é a virtude em si, e somente pela concessão da graça divina, que incute em nós o dom da fé, é que podemos nos aproximar cada vez mais da ordem celeste, distanciando-nos, assim, do erro ou do pecado.

De outro modo, em Tomás de Aquino, o foco na racionalidade nos faz entender que o fim último das ações humanas é o conhecimento de Deus por meio da fé, que é a excelência legada ao homem. Esse escopo tem por base o conceito de felicidade, porém o referencial não é uma felicidade mundana, mas divina, ligada a Deus.

Atividades de autoavaliação

1. Sobre a moralidade no período medieval, é correto afirmar que seu principal objetivo é a virtude entendida como santidade. Com base nisso, assinale a alternativa que melhor apresenta os aspectos inovadores característicos da moral medieval cristã:
    a) A filosofia moral cristã, no período medieval, inova quanto ao modo de tratar o homem: seus aspectos divino e humano, ao mesmo tempo, são indicadores do valor da vida humana.
    b) A moralidade medieval caracteriza-se de modo inovador pela necessidade humana de ter de aceitar os preceitos divinos no intuito de alcançar a verdade mesmo prescindindo da fé.

c) A filosofia moral cristã caracteriza-se de maneira antiga, pois Cristo nasceu há mais de dois mil anos, e a tradição garante a preservação dos valores cristãos.

d) A moralidade medieval caracteriza-se de maneira inovadora pelo abandono da visão mundana e pelo surgimento acentuado da subjetividade.

2. Podemos afirmar que, de modo geral, existem somente dois tipos de ações na ética agostiniana, que são:
    a) as ações em favor dos homens e as ações contra Deus.
    b) as ações que nos afastam de Deus e as ações que nos aproximam de Cristo.
    c) as ações que nos aproximam de Deus e as ações que dele nos afastam.
    d) as ações em favor de Deus, mas contrárias à Igreja, e as ações em favor do próximo.

3. A ética agostiniana é responsável pela ideia de livre-arbítrio, segundo a qual o homem detém a capacidade de escolher suas ações de modo independente. Podemos entender que essa ideia busca:
    a) explicar a origem do mal ou a noção de pecado.
    b) explicar o quanto Deus é permissivo e não vê pecado nas ações do homem.
    c) explicar o quanto o homem é poderoso e sem pecado diante de Deus, que é sua criação.
    d) explicar como Deus faz com que o homem não faça nada que seja pecado.

4. Ao assumirmos a acepção tomista da ética, devemos entender que ela se ancora principalmente no conceito de fé. Assinale a alternativa que corrobora essa asserção:
   a) A noção de verdade apreendida pelo conhecimento seguro é o mais importante.
   b) A noção de verdade revelada é imprescindível para a ação virtuosa.
   c) A verdade está centrada no intelecto humano.
   d) A verdade já se encontra dada na realização da ação humana.

5. Sobre a ética tomista, analise as afirmativas a seguir:
   I. Trata-se de uma filosofia moral favorável à sabedoria popular e voltada ao comportamento moral exclusivo, ou seja, o bem é uma coisa única e podemos conhecê-lo de modo objetivo e prático. Tomás de Aquino pretendia zelar pela sabedoria muito mais do que cultivar a fé; a santidade, para ele, não era o principal objetivo do homem virtuoso.
   II. Trata-se de uma ética na qual a noção de bem se encontra somente em Deus e em sua criação e que é voltada a ensinar como podemos participar do plano divino. Buscar a Deus com nosso intelecto e nossa fé é realizar o que nos torna virtuosos, ou seja, nos lança à busca pela santidade.
   III. Trata-se uma filosofia moral em que o principal objetivo era nos convencer sobre o fim último que somente encontramos em Deus. Auxiliado pela filosofia aristotélica, Tomás de Aquino procurou resolver problemas da teologia cristã.

   Diante disso, podemos afirmar que:
   a) apenas o item I está correto.
   b) apenas o item II está correto.

c) apenas os itens II e III estão corretos.

d) os itens I, II e III estão corretos.

Atividades de aprendizagem

Questões para reflexão

1. Qual é o papel da teoria da predestinação em Agostinho de Hipona?

2. Sabendo que a ética tomista está embasada na ética aristotélica e que esta é uma ética eudaimônica, de que forma devemos entender o conceito de fim último das ações humanas segundo a ética tomista?

3. Para Tomás de Aquino, o ato moral errado ou mau é sempre encarado como um ato contra Deus e, por isso, uma ação pecaminosa. Tomando como embasamento a concepção tomista sobre o ato moral, responda: nos dias de hoje, ainda podemos entender uma ação errada como sendo contrária a Deus, isto é, um pecado? Justifique sua resposta.

Atividade aplicada: prática

Para compreender melhor a ética medieval e conseguir pensar de maneira prática sobre as implicações dessa forma de pensar, sugerimos que você, caro leitor, reserve um tempo para assistir ao filme *Em nome da rosa*, dirigido por Jean-Jacques Annaud e estrelado por Sean Connery, e elabore um roteiro para discutir com seus amigos e demais interessados no tema o pensamento ético medieval.

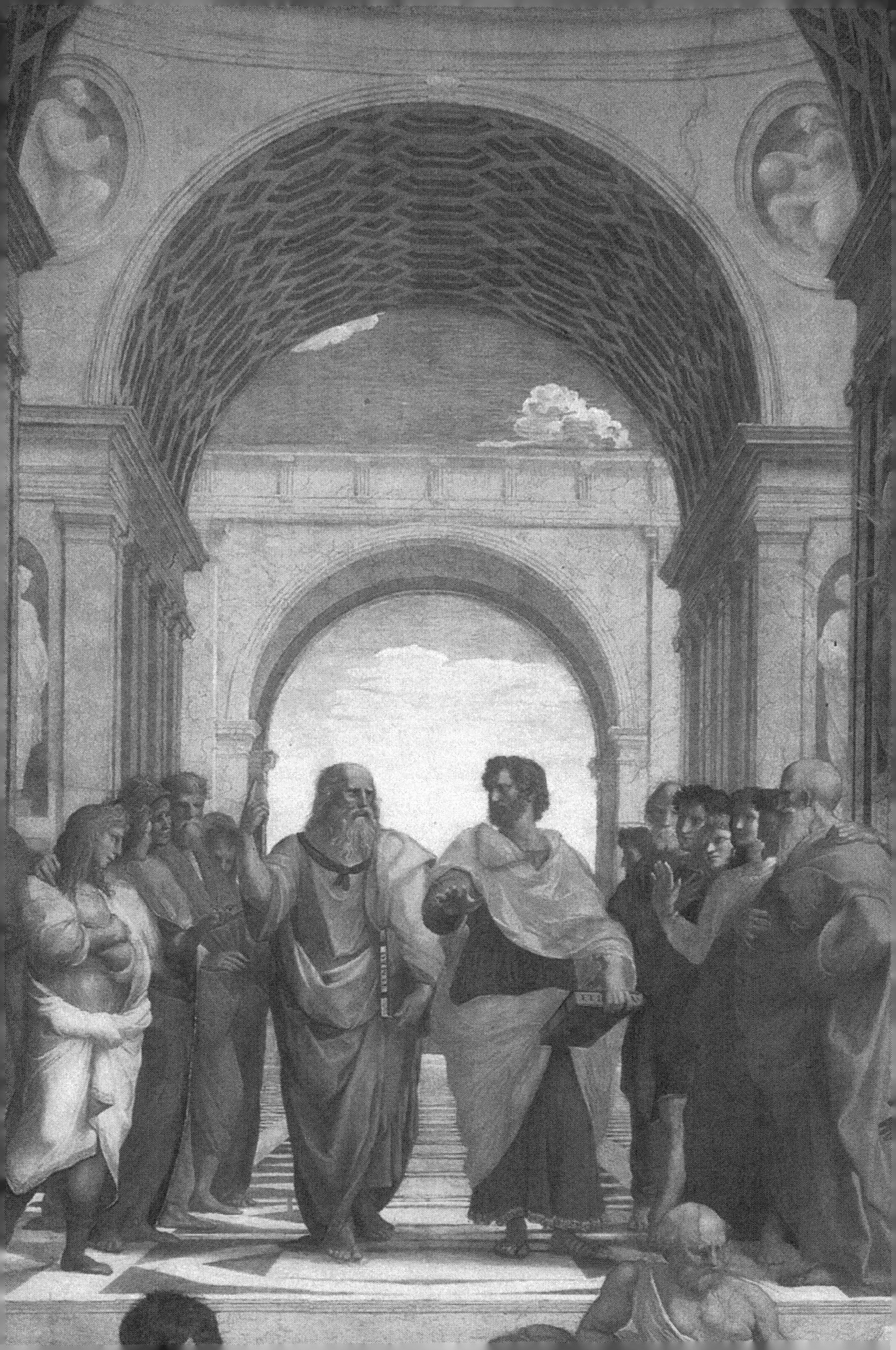

4

Ética moderna

A Idade Moderna é um período histórico marcado por grandes acontecimentos que revolucionaram o modo de pensar do homem e que transformaram radicalmente sua visão de mundo.

Neste capítulo, veremos como os pensadores da modernidade procuraram, cada um a seu modo, desenvolver uma reflexão ética que fosse capaz de responder aos anseios desse período por conta das transformações decorrentes de alguns movimentos específicos.

Um desses movimentos foi o **Renascimento**, que redefiniu os costumes da época ao valorizar uma cultura antropocêntrica (que coloca o homem no centro de tudo), por meio daquilo que ficou conhecido como **humanismo***, em detrimento de uma forma de entender a realidade baseada no teocentrismo (que coloca Deus no centro de tudo, como foi durante toda a Idade Média).

Em virtude da mentalidade humanista, a razão e a liberdade ganharam destaque no cenário cultural da modernidade, criando as bases dos valores sociais que favoreceriam o desenvolvimento da ciência, um conhecimento específico que se caracteriza pela observação sistemática do mundo e pela criação de instrumentos tecnológicos que tornam os homens capazes de descobrir as leis que regem a natureza e, com isso, exercer poder sobre ela por meio de métodos seguros.

Nesse contexto, surgiu uma série de inovações científicas que ficou conhecida como **Revolução Científica Moderna**, que reestruturou diversas áreas da sociedade e, aliada a uma nova ordem econômica baseada no comércio e na valorização do capital, favoreceu a descoberta de novas rotas comerciais para além do Mediterrâneo, com a transposição do Atlântico, bem como possibilitou a colonização das Américas e de outros territórios da África e da Ásia. Desenvolveram-se, a partir de então, diversas teorias, como o heliocentrismo** (que se

---

*   Movimento iniciado na península itálica em meados do século XIV por intelectuais que defendiam o estudo da cultura greco-romana e o reavivamento de ideais de exaltação do ser humano e de seus atributos.

**   Teoria desenvolvida por Nicolau Copérnico (1473-1543) na modernidade segundo a qual o Sol se encontraria em uma posição fixa no centro do Universo e todos os outros corpos celestes girariam ao seu redor; contrapõe-se à teoria do geocentrismo.

contrapunha à teoria do geocentrismo*), a física de Newton e outras descobertas e inovações que transformaram radicalmente o mundo moderno, como a comercialização e a utilização da pólvora para fins militares, a utilização da bússola para a melhoria das técnicas de navegação, a cela para montaria de cavalo e, sobretudo, o aperfeiçoamento da imprensa pelo alemão Johannes Gutenberg, que fez com que todo o conhecimento fosse disseminado para o povo da época de uma maneira mais rápida e eficiente.

Outro movimento importante do período ficou conhecido como **Reforma Protestante**, empreendida por Martinho Lutero contra a Igreja Católica Apostólica Romana. Em 1517, indignado com a ação do Papa Leão X, que havia promulgado um decreto para a venda de indulgências cujo objetivo era arrecadar dinheiro para a construção da Basílica de São Pedro, Lutero publicou suas famosas 95 teses contra as práticas da Igreja no período. A publicação dessas teses representou um marco para a história moderna e resultou na excomunhão de Lutero pelo papa. Lutero recebeu apoio, no entanto, da burguesia da época e dos príncipes alemães, que repudiavam algumas ações da Igreja, sobretudo a condenação de algumas práticas, como a usura e o lucro nas relações comerciais dos burgueses.

Todos esses acontecimentos influenciaram significativamente no questionamento de valores morais predominantemente cristãos da época e favoreceram o surgimento de novas reflexões éticas, que visavam a responder aos anseios dos novos tempos.

Esses fatos nos dão uma mostra da complexidade que a modernidade trouxe ao cenário mundial. Uma vez compreendido isso, passaremos

---

* Uma das teorias cosmológicas mais antigas, cuja autoria é atribuída a Cláudio Ptolomeu (90 d.C.-168 d.C.), segundo a qual a Terra se encontraria em uma posição fixa no centro do Universo e todos os outros corpos celestes girariam ao seu redor.

a analisar de maneira mais específica algumas das contribuições dos pensadores e filósofos modernos no campo da ética.

4.1
Maquiavel e a ética de consequências

Fazendo um contraponto à proposta ética cristã medieval, um personagem de imenso destaque surgiu no período moderno – Nicolau Maquiavel (1469-1527). Famoso por sua contribuição na área da política com a obra-prima intitulada *O príncipe*, Maquiavel também procurou refletir sobre a moral de seu tempo, produzindo uma reflexão ética que ficou conhecida como *ética de consequências*, voltada ao **sujeito político** (entendido como aquele que decide entrar para a vida pública, ocupando um cargo na administração da cidade/nação).

Ao longo de todo o período medieval, sob forte influência do cristianismo, o poder eclesiástico-teológico e o poder político estavam conectados um ao outro, uma vez que todo e qualquer poder, de acordo com a mentalidade cristã, emanava de Deus. O poder político era apenas uma faceta do poder de Deus e, portanto, deveria estar a serviço da Divindade, que tinha seus representantes na Terra – aqueles que pertenciam à classe do clero. Ou seja, os padres, os bispos e o papa eram os representantes da vontade e do poder de Deus e os responsáveis por eleger, abençoar ou justificar o poder político e os seus líderes, tendo na monarquia a forma mais justa e natural de realizar a vontade de Deus nesta realidade terrestre.

Era justamente na aliança entre a Igreja e o Estado que a moral e a ética medieval se estruturavam e se consolidavam. Todavia, durante os acontecimentos e as transformações que ocorreram no final da Idade Média e no início da Idade Moderna, surgiram alguns pensadores que se opuseram fortemente a essa aliança. Um deles foi Maquiavel. Vejamos algumas de suas contribuições no campo da política para depois analisar sua proposta ética.

4.1.1 A filosofia política de Maquiavel

Nicolau Maquiavel desenvolveu um tipo de pensamento político que se diferenciava do praticado na era medieval, encarregando-se de reformular a política do seu tempo, sua aliança com a ética e com os valores cristãos.

Enquanto, para os cristãos, o bom governante era aquele indivíduo que apresentasse virtudes cristãs e agisse de acordo com elas, o bom governante (o príncipe) de Maquiavel é aquele que faz o que for necessário para chegar ao poder e nele se manter, incluindo, se for preciso, violar os valores cristãos pregados em seu tempo. Ele criticou o **direito divino** de governar de seus predecessores e valorizou o desenvolvimento de algumas qualidades indispensáveis para aqueles que pretendiam ocupar o cargo de líder político: qualidades como a *virtú* e a capacidade de lidar com a fortuna.

O objetivo da política para Maquiavel é realizar a manutenção do poder com vistas ao bem comum e, para manter esse poder, o príncipe deve lutar com todas as suas forças. Justamente por conta disso é que os valores morais cristãos, tão apregoados em seu tempo, tornam-se obstáculos ao alcance desse propósito, isto é, cedo ou tarde, para não deixar de lado seu objetivo fundamental, o príncipe tem de abrir mão daqueles valores. Um príncipe não pode manter sua palavra (princípio moral cristão), por exemplo, se ela voltar-se contra ele em suas decisões políticas ou forçar o surgimento de situações que o obriguem a tomar uma atitude contrária ao seu desejo. Se assim ocorrer, ele deve abrir mão de tal valor, como meio para a realização dos fins propostos. Da mesma forma, o príncipe deve, quando necessário, mentir para o povo, utilizar a força para repreendê-lo, enganá-lo (se não for possível dizer a verdade em determinados momentos) e fazer tudo o que for preciso para manter a ordem e o poder.

A manutenção da ordem e do poder é necessária para que o bem comum seja preservado. Os meios empregados serão honrosos e louvados se os fins forem alcançados por parte dos líderes políticos. Nesse sentido, vale ressaltar aqui que, para Maquiavel, o importante não é que o príncipe seja bom, basta que pareça bom; ele não precisa falar a verdade, basta que pareça estar dizendo a verdade; ele não precisa agir realmente de maneira justa, basta que pareça ao povo que sua atitude é justa. Essa diferença entre a essência (ser) e a aparência (parecer) é um elemento indispensável para um líder que queira manter o bem comum acima de tudo.

Essa nova forma de fazer política mostra que Maquiavel foi um pensador muito além do seu tempo e responsável por realizar a cisão entre o "ser" e o "dever ser" na política (Reale, 2005, p. 93-94). Ele procurou pautar-se especificamente por um realismo político que procurava excluir toda e qualquer característica especulativa do **dever ser**, pois o príncipe (líder político de seu tempo) alcançaria sua ruína no momento em que deixasse de fazer aquilo que fazia para fazer aquilo que deveria fazer: um homem que quer em todo o lugar **ser** bom atrai ruína entre tantos que não são bons. Decorre disso que o príncipe que quer se manter no poder deve aprender os meios de não **ser** bom (apenas **parecer** bom já é suficiente) para, quando for necessário, utilizar-se deles. Segundo Maquiavel, o líder ainda deve adotar remédios extremos para males extremos, ou seja, não deve fazer sempre o mal – deve fazer o bem quando possível e o mal apenas quando realmente for necessário.

4.1.2 A ética maquiavélica

No tocante à ética, vale destacar que Maquiavel reformula o conceito de virtude cristã vigente em sua época, baseada em princípios. Enquanto para os cristãos medievais o príncipe deveria ser portador das virtudes cristãs, ser bom, praticar sempre a temperança, falar a verdade aos seus súditos etc., a virtude a que Maquiavel se refere é exatamente a qualidade que o príncipe deve ter para chegar ao poder e nele se manter, o que ele chama de *virtú*. Ela é apreendida por Maquiavel em um sentido grego de "força, vontade, habilidade, astúcia e capacidade de dominar a situação" (Reale, 2005, p. 94). A *virtú* é a capacidade de derrotar a **sorte** e o **acaso**: segundo o autor italiano, metade das coisas que acontecem ao ser humano é proveniente da sorte, e a outra metade é de responsabilidade de cada indivíduo.

Diante dessa nova concepção de virtude, Maquiavel cria também uma nova ética, específica para todos aqueles que desejarem entrar para a vida política. Essa nova ética se preocupa não com os princípios (cristãos), mas com as consequências que as ações dos líderes políticos (os príncipes) terão sobre o povo, é uma **ética de consequências** que visa sempre à ação que beneficie o **bem comum** e o **coletivo**. Sempre que houver situações que fogem dos objetivos definidos pela República, o príncipe deve pensar quais serão as consequências que melhor atenderão ao bem comum e ao coletivo. Se as atitudes do príncipe não forem condizentes com os princípios dos indivíduos – no tempo de Maquiavel, eles eram os princípios cristãos da bondade, da verdade, da honra etc. –, ele não deve deixar de realizá-las, pois é a **consequência** da ação que deve ser levada em conta. Portanto, se, para alcançar seus objetivos, o príncipe precisar matar, roubar, saquear, destruir, mentir, manipular, explorar, entre outras ações, ele deve fazê-lo, contanto que a consequência da ação seja para o bem comum de seu povo e a manutenção da ordem.

Justamente por isso é que pensadores posteriores procuraram resumir todo o seu pensamento político com a seguinte frase: "Os fins justificam os meios". Se a finalidade é o bem comum, não importa de quais meios o príncipe se utilize, assim ele deve fazer. O príncipe não pode se dar ao luxo, para conquistar seus objetivos, de agir politicamente tomando como base princípios (o homem comum, na vida privada, pode se dar ao luxo disso); deve agir levando em conta as consequências que suas ações trarão ao seu país. Desse modo, contra todos aqueles que consideram Maquiavel um sujeito sem ética (os que afirmam isso o fazem considerando que a ética cristã é a ética válida universalmente), um de seus intérpretes, o filósofo Isaiah Berlin, no livro *Estudos sobre humanidade: uma antologia de ensaios*, mais especificamente no ensaio intitulado "A originalidade de Maquiavel", afirma que existem duas éticas: uma baseada em princípios (a ética cristã), que prega a salvação da alma, e outra baseada nas consequências, que valoriza a cidade, o mundo e as ações dos políticos que estão na organização desse mundo (é a ética criada por Maquiavel) (Berlin, 2002). Renato Janine Ribeiro, em seu artigo *Um pensador da ética*, também nos ajuda a entender o impacto da ética de *O príncipe* da seguinte maneira:

> *Na Idade Média, o quadro moral dava conta do lugar tanto do príncipe quanto do súdito, que deviam ambos obedecer à religião. Em tese, bastava isso para fazer um bom rei ou um fiel cristão. Maquiavel mostra que o príncipe não está mais submetido – nem protegido – por esse quadro. É essa insegurança que lhe dá liberdade. Ninguém é livre sem ansiedade. Mas hoje temos um mundo em que também se desfizeram os quadros de referência que protegiam – e prendiam – os cidadãos. Não só o príncipe, mas todos nós.* (Ribeiro, 2004)

Essa inovação que Maquiavel trouxe teve repercussões inimagináveis no cenário sociocultural da modernidade e nos legou grandes avanços no campo da política e também da ética.

Não deixe de ler o livro *O príncipe* para conhecer um pouco da linguagem utilizada por esse renomado (mas ao mesmo tempo mal falado) pensador moderno e para poder tirar suas próprias conclusões acerca dos conceitos criados por ele.

Agora, vamos dar sequência a nossas explicações sobre a ética no período histórico da modernidade com o pensador escocês David Hume.

4.2
Hume e os sentimentos morais

David Hume nasceu em Edimburgo, capital da Escócia, no ano de 1711. Filho de família nobre, passou a demonstrar interesse pelos estudos de filosofia desde a tenra idade, contrariando os objetivos de sua família, que o queria como advogado. Com a publicação de sua obra prima *Tratado sobre a natureza humana*, em três volumes, no período de 1739 a 1740, lançou as bases de seu pensamento filosófico central acerca de uma **ciência da natureza humana**, uma filosofia empirista que contraria a visão racionalista cartesiana e a metafísica tradicional que imperava nos meios acadêmicos de seu tempo. Como a repercussão da obra foi um tanto negativa, ele decidiu escrever uma versão simplificada de suas ideias centrais e publicá-las sob o título *Ensaio sobre o entendimento humano*. Embora não tenha tido grande sucesso no universo acadêmico após a publicação de seu *Tratado*, em parte por conta das ideias céticas e ateizantes que incomodavam os ocupantes das cátedras das universidades locais, ganhou prestígio em outros ambientes da sociedade.

Tornou-se preceptor do Marquês de Annandale em 1745 e, no ano seguinte, foi nomeado secretário do General Saint Clair, que o fez integrar uma missão diplomática a Viena e Turim, além de participar de expedições na França. Com esse currículo, foi convidado também para ser o secretário do embaixador inglês em Paris, cidade na qual pôde conviver e ter contato com os diversos pensadores iluministas franceses, estabelecendo com eles relações amigáveis e duradouras, que o ajudaram em suas produções filosóficas. Hume morreu em 1776.

Vejamos algumas de suas contribuições no campo do conhecimento como um todo para logo em seguida analisarmos sua proposta ética.

4.2.1 Hume e o empirismo

Algumas ideias básicas do pensamento de Hume são fundamentais para compreendermos sua concepção de ética. Entre elas, é importante destacar que sua filosofia procurou sintetizar de maneira excepcional o empirismo, corrente filosófica que dá primazia aos **sentidos** no processo de conhecimento em detrimento da razão e que teve seu ápice na modernidade.

Para Hume, todos os conteúdos que a mente humana detém são o que ele chama de **percepções**, as quais podem ser de dois tipos específicos: impressões e ideias.

> *Em consequência, podemos aqui dividir todas as percepções da mente em duas classes ou espécies que se distinguem por seus diferentes graus de força e vivacidade. As que são menos fortes e vivazes são comumente denominadas pensamentos ou ideias. A outra espécie carece de nome em nossa língua, assim como na maioria das outras, e suponho que isto se dá porque nunca foi necessário para qualquer propósito, exceto os de ordem filosófica, agrupá-las sob algum termo ou denominação geral. Vamos então tomar uma pequena liberdade e chamá-las impressões, empregando a palavra num sentido um pouco diferente do usual. Entendo pelo termo impressões, portanto, todas as nossas percepções mais vívidas, sempre que ouvimos, ou vemos, ou sentimos,*

ou amamos, ou odiamos, ou desejamos ou exercemos nossa vontade. E impressões são distintas das ideias, que são as menos vívidas, das quais estamos conscientes quando refletimos sabre quaisquer umas das sensações ou atividades já mencionadas (Hume, 2004, p. 34)

Com essa distinção, Hume quer mostrar que tudo o que se forma em nossa mente provém, necessariamente, da experiência sensível, ou seja, que todas as ideias que formamos provêm de impressões. Essa afirmação é uma afronta a um princípio básico dos racionalistas: as ideias inatas. Para o filósofo, não existem em nossa mente ideias inatas, adquiridas desde o nosso nascimento (natividade); tudo o que formamos em nossa mente provém de nossas experiências sensoriais. Essa posição de Hume está de acordo com os empiristas modernos, e isso o levou a fundamentar uma reflexão ética de acordo com os princípios dessa corrente. Vejamos suas implicações no campo da ética.

4.2.2 Os sentimentos como fundamento da moral

Hume não entende a ética fora do âmbito do empirismo e, como tal, a compreende à luz de uma ciência da natureza humana, baseada na observação dos fatos.

Ao formular uma concepção de ética, seu objetivo é encontrar um princípio para a ação dos homens. Esses princípios não são vistos em Hume como uma espécie de "dever ser" dirigido à razão e à vontade, como leis e normas que nos impelem à realização de algo como dever. Ao contrário, são tomados como inclinações, como sentimentos que representam os pressupostos básicos da natureza dos seres humanos. Para o filósofo escocês, a ética deve estar fundamentada nos **princípios da natureza humana**, que são as **paixões** e os **sentimentos**. Contrariamente ao que veremos em outros pensadores, não é a razão o fundamento das ações éticas. Nesse caso, a razão entra como um princípio meramente secundário e ocupa um espaço meramente técnico no sistema ético de Hume. Cabe à razão descobrir de quais meios as paixões e os sentimentos precisam para alcançar seus objetivos.

A finalidade de toda especulação moral é ensinar-nos nosso dever e, pelas adequadas representações da deformidade do vício e da beleza da virtude, engendrar os hábitos correspondentes e levar-nos a evitar o primeiro e abraçar a segunda. Mas seria possível esperar tal coisa de inferências e conclusões do entendimento que por si sós não têm controle dos afetos nem põem em ação os poderes ativos das pessoas? Elas revelam verdades, mas, quando as verdades que elas revelam são indiferentes e não engendram desejo ou aversão, elas não podem ter influência na conduta e no comportamento. O que é honroso, o que é imparcial, o que é decente, o que é nobre, o que é generoso, toma posse do coração e anima-nos a abraçá-lo e conservá-lo. O que é inteligível, o que é evidente, o que é provável, o que é verdadeiro, obtém somente a fria aquiescência do entendimento e, satisfazendo uma curiosidade especulativa, põe um termo a nossas indagações. (Hume, 2004, p. 228-229)

A razão é eficiente para a busca da verdade, e assim deve ser para aqueles que também a procuram na ciência. Todavia, as verdades descobertas pela razão não provocam no homem sentimentos, ou seja, não provocam nele nem aversão nem aprovação e, justamente por conta disso, podemos concluir que a razão não pode influenciar nossas emoções e não pode servir de fundamento para nossas ações no campo da moral e da ética. Desse modo, a razão cumpre um papel secundário para a ética, estando a serviço dos princípios básicos da natureza humana (paixões e emoções), pois presta auxílio aos sentimentos na obtenção de seu fim. Somente as paixões e as emoções são capazes de nos fazer distinguir entre o belo e o feio, entre o vício e a virtude, entre o bom e o mau.

Diante disso, Hume alerta para o fato de que os principais sentimentos que ajudam as ações dos homens são dor e prazer, benevolência e egoísmo. Uma ação será considerada ética quando buscar conciliar e equilibrar esses sentimentos antagônicos. Como determinar a possibilidade desse equilíbrio? Segundo Hume, isso só é possível quando começarmos a levar em conta um elemento que ele chama de **utilidade pública**, ou melhor, **interesse público**. Esse interesse é percebido na sociedade por meio de sensações de prazer ou desprazer (dor), pois não somos totalmente indiferentes à dor e ao prazer alheio e tendemos a ver o interesse público como a possibilidade de receber prazer. Por conta disso, aprovamos essa utilidade naturalmente: a busca pelo prazer individual nos leva a agir de acordo com a utilidade e o interesse públicos, de maneira benevolente para com os outros, evitando o egoísmo, ou seja, agindo de maneira ética e justa para com os outros.

Uma vez que não é a razão o elemento humano responsável por nos guiar moralmente e eticamente, mas as paixões e as emoções, veremos algumas implicações negativas em relação a um dos componentes básicos de toda e qualquer ação ética – a liberdade.

Em sua teoria ética, ou teoria sobre os sentimentos morais, Hume nega definitivamente a liberdade do homem e afirma que nossas ações são determinadas por motivos interiores (paixões e sentimentos) e que a razão nunca poderá ir contra eles para conduzir sua vontade. Ao contrário, os seres humanos veem na razão apenas um instrumento para poder alcançar o fim último das paixões e dos sentimentos, que é o fator determinante na execução de nossas ações, as quais, por sua vez, não são livres, mas determinadas por esses princípios naturalmente humanos.

Essa concepção utilitarista da moral é amplamente defendida, com pressupostos próprios, pelo pensador John Stuart Mill, que veremos em um tópico específico mais adiante.

A seguir, vamos analisar outra teoria ética que surgiu durante o movimento que ficou conhecido como *Iluminismo*, do qual o filósofo Immanuel Kant foi, sem dúvida, um dos principais expoentes.

4.3
A ética iluminista

O *período conhecido* como *Iluminismo* (também chamado de *Esclarecimento* – do alemão *Aufklärung*) foi uma época de profundas transformações econômicas, políticas, sociais e culturais, sobretudo graças à expansão do capitalismo como modo de produção e à ascensão da burguesia como classe social dominante na Europa, que via no comércio e no trabalho uma fonte de riqueza para as nações.

Com a Revolução Industrial e o avanço tecnológico proporcionado pela ciência, o mundo viu a razão humana ser considerada o principal instrumento do homem para enfrentar os problemas sociais que o cercavam e buscar alternativas políticas e econômicas que levassem à substituição do antigo regime monárquico e absolutista. Diante das transformações históricas, os pensadores iluministas procuravam exaltar o aspecto racional dos homens por meio da defesa de alguns ideais, tais como os de **liberdade** e **igualdade**, e, por meio de um espírito fraterno, pregavam a tolerância entre visões religiosas diferentes ou formas distintas de pensamento, tendo em vista garantir no âmbito político esses ideais, além do direito à propriedade privada.

Com a pretensa universalidade da razão e com uma confiança exacerbada em seu potencial, naquele momento histórico surgiram os **enciclopedistas**, que procuraram, por meio de um trabalho intelectual de altíssimo nível, reunir e resumir os principais acontecimentos e conhecimentos da época nos diversos segmentos da sociedade – filosófico, científico, artístico e cultural.

Mas o que foi realmente o Iluminismo, ou melhor, o que foi o Esclarecimento? Tomamos a liberdade de descrever resumidamente a compreensão desse movimento na Alemanha fazendo uma análise do texto de Immanuel Kant (1724-1804) intitulado *Resposta à questão: o que é Esclarecimento?* (Kant, 2016), publicado originalmente em 1784, antes de adentrar no universo da ética, para podermos apresentar os pressupostos que giravam em torno da temática naquele período histórico.

4.3.1 Kant e o Esclarecimento

Em resposta à pergunta *O que é Esclarecimento?*, no referido texto Kant afirmou que se tratava da saída do homem do seu estado de menoridade, a qual é a incapacidade do homem de usar por si mesmo a razão. **Ousar conhecer** (*sapere aude*), ter a coragem de conhecer é o objetivo do Esclarecimento (do *Aufklärung*). O que impede os homens de querer ousar conhecer? O que os leva a querer seguir o que outros determinam e não conhecer as coisas por conta própria, de maneira ousada? Os motivos que impedem os homens de pensar por si mesmos, sem nenhum guia, ou seja, que os fazem permanecer na menoridade, são, segundo Kant, a inércia e a covardia, como lemos na seguinte passagem: "Inércia e covardia são as causas de que uma tão grande maioria dos homens, mesmo depois de a natureza há muito tê-los libertado de uma direção alheia [...], de bom grado permaneça toda vida na menoridade, e porque seja tão fácil a outros apresentarem-se como seus tutores" (Kant, 2016, AK, AA, VIII, 35).

É muito fácil, segundo Kant, permanecer na menoridade, pois, se eu tenho um livro que pensa por mim, um pastor ou um professor que fazem todo o meu trabalho de busca do conhecimento, não preciso me empenhar e realizar tal trabalho, basta que esses tutores me digam o que fazer.

Essa ideia de menoridade caracteriza a heteronomia e se opõe àquilo que Kant entende como autonomia. A heteronomia nos impede de pensar por nós mesmos, sendo muito mais cômodo seguir o que os tutores do conhecimento pedem que façamos. Kant escreve: "Após terem emburrecido seu gado doméstico e cuidadosamente impedido que essas dóceis criaturas pudessem dar um único passo fora do andador, [os tutores] mostram-lhes em seguida o perigo que paira sobre elas, caso procurem andar por própria conta e risco" (Kant, 2016, AK, AA, VIII, 35-36).

Ainda que Kant acredite que a heteronomia seja extremamente perigosa, ele compreende também que é muito difícil sair dela, pois, até agora, desde o princípio, a sociedade nunca permitiu que utilizássemos nosso entendimento por conta própria, mas, pelo contrário, sempre fez com que fôssemos submissos aos guardiões do conhecimento. Além disso, aqueles que se aventuraram a pensar por si mesmos sempre fizeram isso de um modo muito inseguro, justamente porque tal atitude não é muito comum em uma sociedade que prega a heteronomia, muito embora o esclarecimento seja praticamente inevitável.

É portanto difícil para cada homem isoladamente livrar-se da menoridade que nele se tornou quase uma natureza. Até afeiçoou-se a ela e por ora permanece realmente incapaz de servir-se de seu próprio entendimento, pois nunca se deixou que ensaiasse fazê-lo. Preceitos e fórmulas, esses instrumentos mecânicos de um uso, antes, de um mau uso racional de suas aptidões naturais, são os entraves de uma permanente menoridade. Também quem deles se livrasse, faria apenas um salto inseguro sobre o fosso mais estreito, visto não estar habituado a uma liberdade de movimento desta espécie. Por isso são poucos os que conseguiram, através do exercício individual de seu espírito, desembaraçar-se de sua menoridade e, assim, tomar um caminho seguro.
(Kant, 2016, AK, AA, VIII, 36)

Diante disso, para que o esclarecimento se torne possível, é preciso que haja liberdade – não uma liberdade aparente, no sentido de fazer o que se quer, mas uma liberdade no sentido de poder fazer um **uso público da razão** nos mais variados assuntos. O uso público se distingue do **uso privado da razão**. Não que aquele possa impedir ou retardar o esclarecimento, mas somente o uso público da razão pode levar os cidadãos ao esclarecimento. Em que consistem esses dois tipos diferentes de usos da razão? Vamos deixar o próprio Kant responder a essa questão:

> Compreendo, porém, sob o USO PÚBLICO de sua própria razão aquele que alguém faz dela como INSTRUÍDO diante do inteiro público do MUNDO LETRADO. Denomino USO PRIVADO aquele que ele pode fazer de sua razão em determinado posto ou encargo público a ele confiado. [...] Aqui, evidentemente, não é permitido raciocinar; antes, deve-se obedecer. Porém, tão logo esta parte da máquina se considera como membro de uma inteira república, sim, até mesmo da sociedade civil universal, portanto, na qualidade de alguém instruído, que se dirige por meio de escritos a um público em sentido próprio, pode naturalmente raciocinar, sem que, por isso, prejudique os ofícios a que em parte está ligado como membro passivo. (Kant, 2016, AK, AA, VIII, 37, grifo do original)

É diante da ideia de uso público da razão que podemos compreender o motivo pelo qual Kant acredita que a sociedade deve conduzir o homem à moralidade. Isso não pode ser levado a cabo no homem individual, mas somente no homem como parte da humanidade, como ser pertencente à **espécie humana**, ao **gênero humano**, ou seja, em seu sentido coletivo, pois é no uso público da razão que se pode chegar, pela liberdade, àquela ideia reguladora moral que rege as ações dos indivíduos. Somente mediante o uso público da razão o homem pode tornar-se um verdadeiro cidadão do mundo, um **cosmopolita**.

Com efeito, a sociedade deve, por meio de um processo educativo, conduzir seus cidadãos ao esclarecimento da razão para seu uso público, o que acaba obrigando o homem a ver-se como humanidade. Para isso, a sociedade deve entender que é necessário educar o homem para que ele perceba a destinação moral que lhe é inerente. Essa destinação moral é o ideal a ser seguido nas sociedades, e somente um Estado politicamente justo está apto a capacitar o indivíduo a cumprir esse ideal de perfeição moral. Desse modo, para ter esse ideal efetivado, é necessário que o homem, como parte da coletividade, da humanidade, compreenda isto: para termos uma sociedade justa, é necessário um conjunto de cidadãos justos, e vice-versa.

Assim, somente a humanidade, entendida como espécie humana, poderá atingir a inteira destinação moral do homem. Tendo como objetivo a formação do homem ideal, Kant estabelece que a **disciplina** e a **coerção** são pressupostos fundamentais no processo de educação da espécie. Inicialmente, esses dois pressupostos visam à formação do caráter, além de serem elementos necessários para a liberdade e a moral. Todo o processo de esclarecimento e autonomia do sujeito precisa passar por essa etapa da educação, uma vez que nela estão os elementos necessários para uma convivência em sociedade de maneira ética.

Tendo em vista esse pressuposto básico do Iluminismo, veremos que Kant contribuiu de maneira singular para uma compreensão da ética em seu tempo. A ética de Kant é conhecida como *ética deontológica*, que se constitui, em suma, em uma ética do dever. Agir moralmente, para Kant, é agir por dever. Como ele fundamenta essa concepção ética? É o que analisaremos no tópico a seguir de maneira mais detalhada.

4.3.2 A ética kantiana

Enquanto, em sua primeira obra, *Crítica da razão pura* (Kant, 2001) Kant procurou estabelecer os limites da razão no processo de conhecimento e formulação das leis da natureza por meio da explicação de como funciona nossa faculdade do entendimento, em sua segunda obra, *Crítica da razão prática* (Kant, 2003), ele procurou abordar o tema da razão em seu sentido prático puro, buscando mostrar que a razão não é somente teórica, mas também prática. Nessa obra, ele evidencia como, por meio da liberdade, podemos estipular para nós leis morais que servem de ideal para nossas ações práticas no mundo sensível.

É, sobretudo, nesta segunda obra e também em *Fundamentação da metafísica dos costumes* (Kant, 1980) que Kant fundamenta sua posição ética. Nesses dois livros, ele afirma que a razão é capaz de criar leis universais para orientar nossas ações de maneira ética. É importante notar que, nessa concepção de ética, baseada no cumprimento dos deveres que a razão impõe para o indivíduo, a noção de **liberdade** aparece aliada à noção de **dever**.

Ora, mas liberdade e dever não são conceitos contraditórios entre si? Como é possível cumprir deveres sendo, ao mesmo tempo, livre? É nesse sentido que Kant demonstra que o indivíduo só pode agir livremente, isto é, agir de maneira ética, quando ele age em conformidade com o dever que a razão, no uso de sua liberdade, determinou para ele.

A razão é livre para criar suas próprias regras. Todavia, uma vez criadas as regras, ela obriga o indivíduo a segui-las. Ao mesmo tempo, essas regras não podem ser criadas aleatoriamente ou motivadas por interesses meramente pessoais, mas devem seguir alguns critérios básicos, ou melhor, como afirma Kant, alguns imperativos, algumas máximas universais que denotam a noção de dever:

> *A representação de um princípio objetivo, enquanto obrigante para uma vontade, chama-se um mandamento (da razão), e a fórmula do mandamento chama-se Imperativo. Todos os imperativos se exprimem pelo verbo dever (sollen), e mostram assim a relação de uma lei objetiva da razão para uma vontade que segundo a sua constituição subjetiva não é por ela necessariamente determinada (uma obrigação).*
> (Kant, GMS, IV, 1974, p. 48)

Esses imperativos nos mostram à nossa vontade, por meio de princípios válidos para todo e qualquer ser racional, o que seria bom praticar ou não, entendendo que a nossa vontade nem sempre corresponde à prática do que é realmente bom ser praticado.

Kant distingue dois tipos de imperativos: os hipotéticos e os categóricos (Kant, GMS, IV, 1974, p. 49). Os **imperativos hipotéticos** são aquelas máximas que ordenam as ações em função de algum ganho posterior, são condicionadas, são meios para atingir um fim. Um exemplo de imperativo hipotético é aquela ordem que leva o indivíduo a se comportar bem em seu emprego para não ser mandado embora ou, ainda, que leva o indivíduo a ler um livro de ética, como este, apenas para ir bem na prova da faculdade. Perceba que, nesses casos, agir de maneira comportada ou ler um livro de ética são ações que não revelam um bem em si mesmo; são boas ações apenas por conta da finalidade que trazem consigo. Esses imperativos não são considerados morais para Kant.

Por outro lado, os **imperativos categóricos** são aquelas máximas que não têm outra finalidade a não ser elas mesmas, não são condicionadas; elas são fins em si mesmas. São máximas necessárias por si mesmas de maneira absoluta e universal, ou seja, em termos kantianos, são apodíticas, necessárias e constituídas *a priori*.

Nesse sentido, vemos que, para Kant, as leis morais devem ser criadas livremente, pelo uso da razão, tendo como fundamento os imperativos categóricos.

Podemos afirmar, com certa cautela, que a formulação kantiana do imperativo categórico é uma nova forma de ver aquela regra de ouro que as religiões procuraram introduzir em seus códigos morais, a saber, "Não faça para os outros o que não quer que seja feito para você". De um jeito próprio, Kant escreveu a fórmula de uma vontade que ele chama de *absolutamente boa*, uma vontade que não tem condições restritivas, também chamada por ele de *imperativo categórico*: "Age segundo máximas que possam simultaneamente ter-se a si mesmas por objeto como leis universais da natureza" (Kant, GMS, IV, 1974, p. 81). Em outras palavras, Kant quer nos mostrar que, no momento de nossa ação, devemos ter em mente qual é a finalidade objetiva dessa ação (não uma finalidade a alcançar, mas uma finalidade em si mesma), que, nesse caso, é e sempre será o sujeito que age.

> Ora este fim não pode ser outra coisa senão o sujeito de todos os fins possíveis, porque este é ao mesmo tempo o sujeito de uma possível vontade absolutamente boa; [...]
> O princípio: Age a respeito de todo o ser racional (de ti mesmo e de outrem) de tal modo que ele na tua máxima valha simultaneamente como fim em si, é assim no fundo idêntico ao princípio: Age segundo uma máxima que contenha simultaneamente em si a sua própria validade universal para todo o ser racional. Pois o fato de eu, no uso dos meios para qualquer fim, dever restringir a minha máxima à condição da sua validade universal como lei para todo o sujeito, equivale exatamente a dizer: o sujeito dos fins, isto é o ser racional mesmo, não deve nunca ser posto por fundamento de todas as máximas das ações como simples meio, mas como condição suprema restritiva no uso dos meios, isto é sempre simultaneamente como fim. (Kant, GMS, IV, 1974, p. 81-82)

O homem tem de ser tomado aqui sempre como fim em si mesmo e nunca como meio para que uma ação seja moralmente boa. Nesse sentido, Kant refuta toda e qualquer ação moral que tenha como base elementos que condicionam a ação. Por exemplo, o fato de os cristãos não matarem, não roubarem ou não violarem os mandamentos de sua religião **apenas** em função do paraíso, do céu, não pode ser considerado um ato moral, pois implica condicionantes para a ação do sujeito: só estou agindo assim para ganhar algo posteriormente. Tal ação não está em comum acordo com os imperativos categóricos, pois não é um fim em si mesma; é boa apenas em função de algo que está além do próprio homem, não tomando o homem como fim em si mesmo. Uma ação moralmente boa, por sua vez, é aquela que deve ter em vista o homem sempre como fim em si mesmo e que pode ser elevada à condição de lei para todo e qualquer sujeito: o homem deve ser a condição suprema e o fim de toda e qualquer ação.

Ora, os imperativos categóricos são os critérios necessários para que possamos criar nossas leis de maneira livre. Uma vez que, no uso da liberdade de que a razão dispõe (razão esta que é válida universalmente), criamos nossas próprias leis, com vistas a atingir os ideais apregoados pelo imperativo categórico, devemos, agora, nos obrigar a segui-las. Justamente por isso a ética de Kant é uma ética do dever:

> A vontade, cujas máximas concordem necessariamente com as leis da autonomia, é uma vontade santa, absolutamente boa. A dependência em que uma vontade não absolutamente boa se acha em face do princípio da autonomia (a necessidade moral) é a obrigação. [...] A necessidade objetiva de uma ação por obrigação chama-se dever (Kant, GMS, IV, 1974, p. 84)

O imperativo categórico impõe-se como dever aos homens, mas não no sentido de torná-los heterônomos, pelo contrário, ele atua como forma de garantir a **autonomia** do agente, uma vez que "o princípio da autonomia é o único princípio da moral" (Kant, GMS, IV, 1974, p. 86), e, ao mesmo tempo, garantir a **dignidade** de todo e qualquer ser humano, que deve ser visto sempre como fim em si mesmo e nunca como meio.

Essa forma de compreender a ética fez de Kant um dos maiores filósofos da moral de todos os tempos. Com seu rigor técnico, ele propôs uma nova forma de fundamentar as ações éticas do seu tempo e, sem dúvida, pode ser exaltado como o maior expoente do Iluminismo. Temos certeza de que não esgotamos toda a profundidade de seu pensamento nestas poucas páginas, mas acreditamos que elas são suficientes ao menos para ajudá-lo a compreender alguns pressupostos básicos da ética kantiana e instigá-lo, caro leitor, a buscar, nas obras referenciadas, mais esclarecimentos sobre o assunto, tratado de maneira rigorosa pelo filósofo alemão.

Aqui encerramos nossa incursão pelo tema da ética na modernidade. Como justificamos anteriormente, acreditamos que os autores selecionados nos dão uma amostra introdutória do teor de reflexão que a modernidade produziu em relação aos temas da ética e da filosofia moral.

Passaremos, no próximo capítulo, a analisar melhor como os filósofos da contemporaneidade examinaram o tema da ética e quais foram seus principais pressupostos.

Síntese

Vimos, neste capítulo, como a modernidade trouxe algumas transformações para o cenário político, econômico, social e cultural do mundo no século XV e como esses acontecimentos acabaram influenciando os pensadores no campo da ética e, ao mesmo tempo, sendo influenciados pelas ideias destes.

Como exemplo de reflexões éticas da modernidade, analisamos o pensamento de Nicolau Maquiavel e sua ética de consequências, que se distingue da cristã, baseada em princípios. A ética criada por Maquiavel é voltada para o político: todos aqueles que entram para a vida pública devem se preocupar com as consequências que suas ações trarão para seu povo. Essa ética prega que o sujeito político deve fazer o bem sempre que possível e, se necessário, praticar o mal.

Depois disso, concentramos nossa atenção na proposta ética desenvolvida por David Hume, filósofo escocês que teve um reconhecimento notável na área da ciência com sua visão empirista de como conhecemos as coisas. Hume também fez uma crítica à razão no que diz respeito ao campo da ética e da moral, entendendo que a razão é eficiente para a busca da verdade, e assim deve ser para aqueles que a procuram na ciência, mas não provoca no homem sentimentos e, justamente por conta disso, não pode influenciar nossas emoções e não pode servir de fundamento para nossas ações no campo da moral e da ética.

Por fim, vimos que, no período do Iluminismo (Esclarecimento), Immanuel Kant elaborou uma ética que ficou conhecida como *ética deontológica,* que se constitui em uma ética do dever.

Atividades de autoavaliação

1. Em sua obra *O príncipe*, o filósofo Nicolau Maquiavel deixa claras suas emoções nacionalistas, almejando um dia presenciar uma Itália plena de poder e um território unificado. Desse modo, elaborou uma teoria política e também uma ética voltada para o político. Com base nos conhecimentos adquiridos com a leitura deste capítulo, assinale as afirmativas a seguir com V (verdadeiro) ou F (falso):

    ( ) O monarca não pode agir com ressalvas nem prescindir do uso cruel ou trapaceiro de meios, no caso de estar em pauta o zelo nacional integral e o bem geral de seu povo

    ( ) Maquiavel quis fornecer um manual de aconselhamento às pessoas que não têm nenhuma filosofia moral.

    ( ) A temática principal da obra mencionada trata de como se manter no poder, na condição de liderança, jamais se permitindo descumprir um fundamento ético ou adotar a violência como recurso.

    ( ) Maquiavel expõe que, ao deter o poder, a liderança necessita atentar para os resultados consequentes das ações que adota, porém não para os princípios do cristianismo transmitidos no seu período histórico.

    Assinale a sequência correta:
    a) V, F, V, F.
    b) V, V, V, F.
    c) V, F, F, V.
    d) F, F, F, V.

2. Maquiavel foi um dos mais importantes pensadores de seu tempo e, ao elaborar sua teoria política, não deixou de contribuir de maneira significativa para o campo da ética. De acordo com os conhecimentos adquiridos com a leitura deste livro, assinale a alternativa que melhor corresponde à proposta ética e política de Maquiavel:

   a) Maquiavel explicou que, ao assumir o poder, o príncipe deve cometer todas as suas ações de maneira estritamente ética e virtuosa, respeitando cada um por meio dos princípios cristãos do seu tempo.

   b) Maquiavel expôs que uma nação necessita de um poder militar forte, podendo fiar-se tanto em seus concidadãos como em um exército estrangeiro contratado, bastando que a religiosidade cristã guie o coração desses soldados.

   c) Maquiavel nos faz compreender que, para realizar seus planos, uma liderança precisa se cercar de pessoas de lealdade, com competências e de confiança, a fim de que, com elas, possa sempre falar a verdade e nunca agir de maneira a ferir a dignidade de seus súditos.

   d) Maquiavel declara que é melhor para um líder caluniar do que agir de acordo com as suas promessas, se estas forem resultar em consequências adversas para a sua administração e os seus interesses.

3. Sobre a ética kantiana, analise com atenção as afirmações a seguir:

   I. A ética de Kant é conhecida como uma ética do dever, dever este que precisa ser entendido como aquelas regras criadas por Cristo e dadas aos homens para serem cumpridas diariamente.

II. A ética de Kant é uma ética do dever. Os deveres são criados pela razão, no uso de sua liberdade e autonomia, e impostos ao sujeito para serem cumpridos.

III. A ética de Kant tem seu fundamento nos chamados *imperativos categóricos*, máximas universais que veem o homem sempre como fim em si mesmo e nunca como meio.

Assinale a alternativa correta:

a) As afirmativas I e II estão corretas.
b) As afirmativas II e III estão corretas.
c) As afirmativas I e III estão corretas.
d) Todas as afirmativas estão corretas.

4. Sobre os imperativos categóricos de Kant, é correto afirmar:

a) O imperativo categórico impõe-se como dever aos homens, mas não no sentido de torná-los heterônomos, pelo contrário, como uma forma de garantir a autonomia do agente, uma vez que "o princípio da autonomia é o único princípio da moral".
b) O imperativo categórico serve de fio condutor para os indivíduos criarem suas regras de maneira heterônoma.
c) O imperativo categórico serve para garantir a dignidade de todo e qualquer ser humano, que deve ser visto sempre como meio para se alcançarem as finalidades da sociedade.
d) O imperativo categórico é um gesto de boa fé de Kant para a sociedade de seu tempo, que defendia um ideal de esclarecimento por meio da servidão, submissão e devoção aos mais inteligentes e confiáveis.

5. Entre os objetivos de David Hume ao elaborar sua concepção ética, podemos destacar que sua preocupação era:

   a) encontrar um princípio para a ação dos homens que não fosse visto como uma espécie de "dever ser" dirigido à razão e à vontade, como lei e norma que nos impele à realização de algo como dever, mas como sentimento que representa os princípios básicos da natureza humana.

   b) evidenciar que os princípios da natureza humana, que são a razão e o intelecto, só podem alcançar a verdade do ponto de vista moral quando se apoiam na visão de mundo do empirismo.

   c) entender os princípios básicos da natureza humana, que são as paixões e os sentimentos, como algo que precisa ser domado pela razão para que sejam adequados segundo as normas sociais. Nesse sentido, a razão cumpre um papel predominante para a ética.

   d) demonstrar que a razão é o principal fundamento das ações éticas, pois cabe a ela descobrir de quais meios as paixões e os sentimentos precisam para alcançar seus objetivos.

Atividades de aprendizagem

Questões para reflexão

1. Kant, em seu texto *Resposta à questão: o que é Esclarecimento?*, afirma que é necessário ao homem ter coragem para seguir seu próprio entendimento sem a ajuda de nenhum guia. Tomando como base esse pressuposto, explique a diferença entre autonomia e heteronomia no pensamento de Kant e a importância desses conceitos para entendermos a proposta ética do pensador.

2. Explique quais são as características da ética de consequências, formulada por Maquiavel, e em que sentido ela se diferencia da ética de princípios dos cristãos.

3. David Hume nos mostra em suas obras que a razão é eficiente para a busca da verdade e deve ser utilizada por todos aqueles que estão envolvidos com a ciência, mas que essa razão e suas verdades científicas não podem influenciar nossas emoções. Explique qual é a importância das emoções para a concepção ética de Hume.

Atividade aplicada: prática

Para encerrar a abordagem das reflexões éticas que foram desenvolvidas no período moderno, recomendamos algumas produções cinematográficas para ajudá-lo a contextualizar melhor as ideias aqui trabalhadas.

- A primeira sugestão é o filme *Lutero*, estrelado por Joseph Fiennes, sob a direção de Eric Till, que retrata a história de um jovem que, ao entrar para a vida eclesiástica, depara-se com a degradação moral que permeia toda a Igreja Cristã do final do século XV e empreende a famosa Reforma Protestante. Esse foi um dos pontapés iniciais para todas as transformações que ocorreram na agitada Europa dos séculos XV e XVI.
- A segunda sugestão é a série *Os Bórgias*, criada por Neil Jordan e lançada em 2011. Estrelada por Jeremy Irons, François Arnaud e Joanne Whalley, a série retrata a vida de uma família sedenta pelo poder durante o período renascentista, envolvendo alguns aspectos e personagens históricos que destacamos neste capítulo, de modo especial, o autor de *O príncipe*, Nicolau Maquiavel.

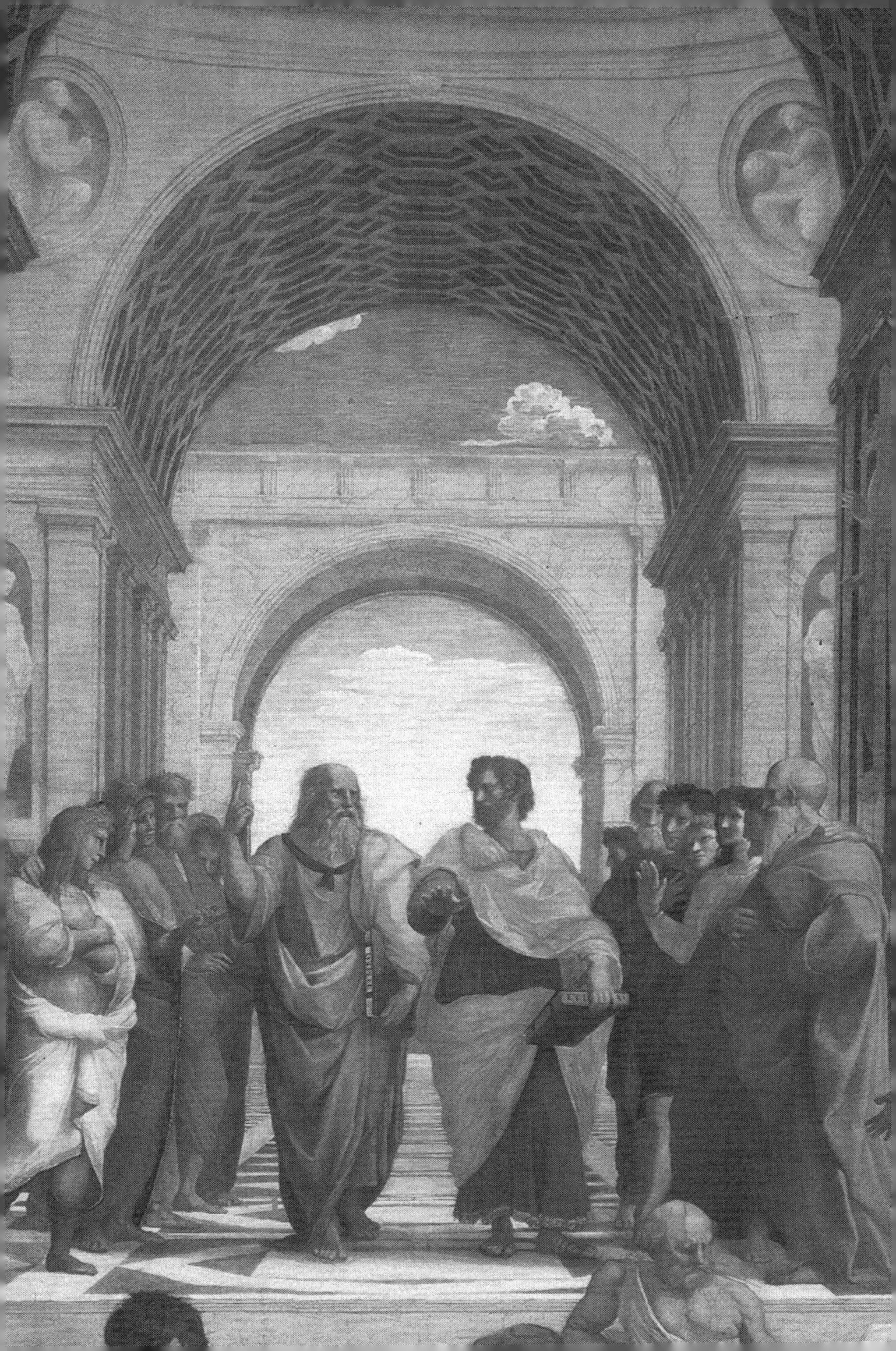

5

Ética contemporânea

A ética contemporânea compreende não somente as perspectivas éticas da atualidade, mas também aquelas que surgiram há algum tempo, mais especificamente no final do século XIX e início do século XX, e que, de alguma forma, ainda hoje exercem influências na sociedade. Estamos nos referindo aqui às concepções formuladas por Nietzsche, Freud e Sartre, três pensadores contemporâneos que desenvolveram propostas éticas que revolucionaram nossa forma de pensar e nosso entendimento acerca de como devemos agir do ponto de vista de uma moral.

Esses autores elaboraram suas concepções teóricas no campo da ética em um contexto posterior à Revolução Inglesa, à Guerra da Independência dos Estados Unidos e à Revolução Francesa, eventos por meio dos quais os ideais do Iluminismo, ou Esclarecimento, foram disseminados. Esses acontecimentos corroboraram a instauração de uma ordem social que via na racionalidade humana o elemento supremo para a busca de uma sociedade organizada, harmônica e que pudesse proporcionar uma vida feliz aos cidadãos. O projeto racional de uma vida civilizada e com vistas à emancipação dos sujeitos foi o mote principal do Iluminismo. Todavia, esse projeto falhou: a pretensa racionalidade desse movimento e suas crenças se mostraram irracionais. Os contínuos progressos realizados pela razão humana nas áreas da ciência, da medicina e da tecnologia, bem como nas técnicas e na produção na área industrial, revelaram-se, por vezes, irracionais, tendenciosos, manipuladores e destrutivos e, em vez de nos legarem uma sociedade harmônica, emancipada, autônoma e feliz, ampliaram nossa capacidade de destruição do meio ambiente e de vidas humanas.

O projeto dos Iluministas, portanto, se mostrou utópico e irreal e, no campo da ética, surgiram pensadores que atentaram para essa farsa da modernidade e do Iluminismo. Selecionamos os três pensadores contemporâneos citados (Nietzsche, Freud e Sartre) por representarem, de certo modo, os pilares fundamentais do pensamento ocidental contemporâneo como um todo, mas, especialmente, no campo da filosofia moral e da ética. Outros nomes certamente mereceriam destaque e poderiam servir aos nossos objetivos de maneira igualmente satisfatória, como Karl Marx, G. E. Moore, Theodor Adorno, Horkheimer, Michel Foucault, Emmanuel Levinas e Jürgen Habermas. No entanto, escolhemos os três autores mencionados pelos seguintes motivos: Nietzsche, por ser um divisor de águas entre a modernidade e o que chamaremos de *contemporaneidade*, especialmente no que tange ao modo de pensarmos a moral pelos vieses da genealogia e da vontade de poder; Freud, por ser um dos principais representantes da psicanálise e nos ajudar a compreender o processo de formação moral em nós; e Sartre, por ser um dos principais expoentes da corrente denominada *existencialismo*, que abre novas perspectivas para o estudo da ética no período pós-moderno.

5.1
A ética de Nietzsche

Friedrich Nietzsche (1844-1900) é considerado por muitos estudiosos da filosofia como o último filósofo da modernidade e o primeiro da contemporaneidade. Essa forma de subdivisão certamente pode ser contestada, porém é consenso na comunidade acadêmica que o tipo de pensamento formulado por Nietzsche sem dúvida representa um marco na história da filosofia.

O filósofo alemão resgata uma forma de escrita baseada em fragmentos ou em aforismos, muito utilizada por Heráclito na antiguidade pré-socrática. O estilo de escrita nietzschiano permite a compreensão de uma pluralidade significativa de temas e problemas para os quais parece ser impossível encontrar uma ordenação temática e sistemática. Isso porque Nietzsche acredita que a filosofia não pode se apresentar de forma direta e imediata, ela precisa de uma linguagem, e cada filósofo precisa determinar seu estilo para encontrar sua forma e produzir o que espera. O estilo fragmentário de Nietzsche é uma forma de voltar-se para o campo do individual e do comum, da fragmentação própria que é a vida: cada indivíduo é uma expressão de algo fragmentado, limitado, provisório, incompleto e, ao mesmo tempo, de uma força viva capaz de criar múltiplas coisas novas e que expressa uma riqueza inesgotável no seu desenrolar. Diante disso, podemos compreender o ideal de Nietzsche expresso na sentença "Torna-te aquilo que és", pois não existe um modelo a ser seguido, um ideal universal capaz de dar conta de toda a formação do homem, tal como pensava Kant com seus imperativos categóricos, mas, ao contrário, cada indivíduo torna-se, com Nietzsche, seu próprio modelo, que, tendo como base um *amor fati*, deve se deixar conduzir por essa força viva capaz de criar coisas novas constantemente.

A escrita fragmentária de Nietzsche pode expressar também uma ideia característica da contemporaneidade como um todo – a de que o não completo e o não acabado são formas válidas de conhecimento que devem ser levadas em conta; mais ainda, pode expressar que aquilo que pensamos estar completo e acabado não passa de uma ilusão. Ele quer demonstrar que a filosofia sempre se caracterizou por um tipo de linguagem abstrusa, rigorosa, que chega a afetar a comunicabilidade do texto filosófico. Esse estilo linguístico rígido busca, por meio do *logos*, encontrar a verdade. No entanto, nessa busca insistente de desenvolver um ascetismo mortificante do discurso filosófico surge um problema que não é tanto o modo como devem ser discutidos os argumentos expostos, mas, primordialmente, **como podem ser entendidos esses conceitos**.

Nesse sentido, Nietzsche procura introduzir na linguagem filosófica uma beleza capaz de suprir a carência do pensamento abstrato e frio e, mais que isso, busca, por meio da perspectiva da arte, **desenterrar a verdade**. Não se trata de reduzir a filosofia à poesia ou a uma atividade estética – adotar o ponto de vista da arte é compreender que esta constitui uma abertura e uma compreensão filosófica do ser. Em outras palavras, Nietzsche quer, por meio da arte, mostrar que o mundo e a própria filosofia não passam de uma fábula, de um mito, de uma ilusão. O *logos* é um mito. De acordo com essa perspectiva, Nietzsche afirma que só é apropriado **sonhar sabendo que se sonha**.

Contrariando seus mestres, Richard Wagner e Arthur Schopenhauer, que viam a arte como um instrumento para alcançar a verdade, Nietzsche entende que ela é um poder, uma força de criar aparências, de falsificar, de mentir, uma força universal da vida e uma força essencial da linguagem. Na fase madura de Nietzsche, essa força ganha o nome de *vontade de poder*. Em outras palavras, a diferença em relação a seus mestres é que a arte, para Nietzsche, é compreendida como um poder universal, que nega a verdade e nos permite aceitar a realidade cruel e contraditória: "Temos a arte para não perecermos diante da verdade" (Nietzsche, 2005, p. XIV). Desse modo, a arte é a própria estrutura do conhecimento e forma de qualquer compreensão da realidade.

Uma vez esclarecidos esses traços essenciais do pensamento de Nietzsche, vejamos como o autor aborda a temática da ética.

5.1.1 *A genealogia da moral*

Nietzsche detém-se no assunto da ética e da moral tendo como base uma **crítica genealógica**. Com o método genealógico, Nietzsche procura desmascarar os fundamentos de valor nos quais a moral, a religião, a metafísica ou a ciência procuram se fundamentar. O que ele critica é qualquer afirmação que não reconheça sua **relatividade** e seu **niilismo**. Seu único propósito é desestabilizar essas verdades, fazê-las entrar em crise, minar as possibilidades de absolutização da verdade. Como declara Nietzsche (1998b) no livro *Assim falou Zaratustra*: "Eu não sou um homem, sou uma dinamite".

Ele descreve em seus escritos que o homem moderno caiu na armadilha da moral (e da noção de valores que o sustentavam como muletas) que ele próprio armou e procura orientar o olhar do leitor para um período da humanidade em que havia um esboço da imagem humana para além de bem e mal, sem o que ele chama de **ressentimentos morais**.

Em outras palavras, Nietzsche reconhece no homem moderno e, sobretudo, na cultura cristã ocidental os que negam seu ideal de homem, ou melhor, de "**além do homem**", e por isso busca orientar seu olhar para os gregos – ainda que eles não estejam isentos de sua crítica.

Nietzsche parte inicialmente das considerações sobre os gregos para depois se ocupar das questões antropológicas proclamadas pelo *Übermensch* – um "além do homem", que institui novos valores além do niilismo europeu, da *decadence* vivenciada pelos seus contemporâneos do século XIX – e declara que os homens gregos (helênicos) devem ser os nossos professores, pois eles não tomavam o homem mediano como referência para a ética, mas aqueles que conseguiam afirmar a vida (e não fugir dela sob uma pretensa existência de um céu) mesmo diante das maiores adversidades e tragédias, ou seja, os fortes e os senhores: "O homem trágico como o homem nomeado para ser professor dos homens. A formação e a educação não devem tomar como norma o talento mediano para o Éthos e o intelecto, mas justamente essas naturezas trágicas" (Nietzsche, 2005, p. 8). Em suma, devemos nos espelhar nos gregos (os homens trágicos) para agir de maneira ética, pois eles conseguiram dizer "sim" aos impulsos vitais do ser humano mesmo diante das contrariedades e adversidades que sofriam.

Vejamos agora como Nietzsche constrói os argumentos que servirão de base para fundamentar sua posição ética.

Ao delinear uma genealogia da moral, Nietzsche constatou que existiam inicialmente duas espécies de moral: a moral dos fortes e a moral dos fracos. A primeira era constituída da força que manda. Ela ditava aquilo que era bom e estabelecia as ordens que deveriam ser seguidas; uma vez que ditava o que era bom, ela se afirmava. Era, portanto, uma moral afirmativa. A segunda, por sua vez, aceitava a característica de que é considerado como mal – e obedecia a ela – imposta pelos senhores, sendo considerada uma moral negativa.

Assim, notamos que Nietzsche via inicialmente a moral como um jogo de forças entre a moral afirmativa (dos senhores) e a moral negativa (dos escravos), e foi justamente desse jogo de forças que surgiu a oposição entre bem e mal.

Com o passar do tempo, os escravos, vendo sua fraqueza e querendo ocupar o lugar dos senhores, começaram a montar seu projeto de rebelião da moral. Procurando convencer alguns fortes de que o corpo não serve para nada e de que o corpo não é o que há de mais valoroso, eles – os escravos – trazem aquela verdade, feita pelos fortes, para um único plano. O que existe a partir daí não é uma verdade dos fortes e uma verdade dos fracos, mas uma só verdade. Há um padrão único de verdade, uma só moral, transmitida por meio de uma instituição que não contempla outras perspectivas.

Nietzsche sabia que a vida para os gregos era terrível e perigosa, mas que nem por isso se entregavam ao pessimismo, ignorando a vida (Copleston, 1980, p. 312). O questionamento de Nietzsche em *O nascimento da tragédia* parece oportuno aqui: "De que outra maneira poderia aquele povo tão suscetível ao sensitivo, tão impetuoso no desejo, tão singularmente apto ao sofrimento, suportar a existência, se esta, banhada de uma glória mais alta, não lhe fosse mostrada em suas divindades?" (Nietzsche, 1992, p. 37).

Para os gregos, havia duas maneiras de tornar a vida menos ruim: por meio dos princípios artísticos dionisíacos, que simbolizavam o fluxo da vida, rompendo com todas as barreiras e ignorando todas as limitações, e por meio dos princípios artísticos apolíneos, que são símbolos de luz, de medida, de limite, representando o princípio de individualidade, expressa na visão das divindades olímpicas (Copleston, 1980, p. 313).

Assim, compreendemos que, enquanto Apolo está preocupado com os padrões estéticos, com a beleza, Dionísio está preocupado em viver, independentemente do que ocorra. Apolo representa uma vontade negativa, reativa: é o deus onírico; Dionísio representa uma vontade afirmativa, do instante: é o deus da embriaguez. Embora sejam contrários, Nietzsche (1992, p. 41) demonstra que um não vive sem o outro: "'Titânico' e 'bárbaro' pareciam também ao grego apolíneo o efeito que o **dionisíaco** provoca [...]. Apolo não podia viver sem Dionísio! O 'titânico' e o 'bárbaro' eram, no fim de contas, precisamente uma necessidade tal como o apolíneo!" (Nietzsche, 1992, p. 41, grifo do original).

Não obstante, os escravos conseguem convencer psicologicamente os senhores de que quem sobreviverá serão os cabritos pertencentes ao rebanho, e não os leões, os senhores. E é justamente essa revolução da moral que exprime sua decadência, sendo o cristianismo o maior expoente acelerador desse processo. "Que poder gigantesco é esse, que há dois milênios tanto engana os filósofos e derruba a razão dos racionais? Aquele instinto, aquela fé, tal como exige o cristianismo: é o próprio instinto de rebanho, a fé de rebanho do animal 'homem'[...]". (Nietzsche, 2005, p. 200).

Em suma, os escravos, pertencentes à moral de rebanho, procuram produzir no animal homem uma concepção de que seu impulso para o poder, sua liberdade, sua busca pela satisfação de seus instintos mais vitais precisam ser mantidos dentro dos limites estabelecidos por eles: "por isso, até agora, a ética, com seus instintos inconscientes de criação e de educação, propunha-se a conter o desejo de poder: ela difama o indivíduo tirânico e, com sua glorificação da preocupação com a comunidade e do amor pela pátria, ressalta o instinto de poder do rebanho" (Nietzsche, 2005, p. 216).

Ora, somente aqueles que conseguem afirmar sua vontade de poder, de dominar é que conseguem se livrar da moral de rebanho que impede os homens de valorizar seus aspectos vitais. Essa vontade de poder se apresenta, em Nietzsche, como algo complexo e demonstra que há dentro de si um componente, o **pensar**, que orienta e dirige, indissolúvel do querer; ela é também uma emoção derivada do mando, do poderio e, acima de tudo, o "filósofo deveria considerar o querer a partir do ângulo da moral, a moral como conceito de uma ciência dominante, donde brota o fenômeno da vida" (Nietzsche, 5. ed., p. 35). Só assim compreenderemos que não se produziram na modernidade verdades, mas apenas uma linguagem figurada das nossas paixões disfarçadas em juízos, ou seja, disfarçados em uma moral.

Contudo, para navegarmos em linha reta acima da moral, é preciso coragem! É preciso ficar alerta e manter firme o timão (Nietzsche, [S.d.], p. 40), pois esses mares do conhecimento são quase virgens e não encontramos muitos navegantes dispostos a fazer tais sacrifícios. Quem conseguirá então atravessar tais mares? Quem estará disposto a tal aventura? Quem são aqueles que conseguirão viver de maneira ética tendo como base esses pressupostos? Somente aqueles que forem capazes de transvalorar os valores morais.

Para Nietzsche, é preciso transvalorar os valores, não só um ou outro, mas todos. E, negando toda e qualquer ideia de coletividade, de rebanho, a transvaloração é tarefa do indivíduo, do espírito livre, do filósofo do futuro, do *Ubermënsch*, do "além do homem".

Com base nisso, tiramos uma conclusão básica do pensamento nietzschiano: junto com a pretensão de hegemonia da moralidade escrava veio um conjunto de valores permeados por uma vontade de nada. Com efeito, surgiu um tipo de homem que nega em si tudo o que lhe é mais característico e pessoal. A proposta de Nietzsche é a de que esse homem precisa ser superado para, novamente, se afirmar como tal.

Para compreendermos a efetivação da transvaloração de todos os valores, é necessário analisarmos dois pontos importantes na filosofia de Nietzsche: o mundo do **eterno retorno**, sem uma ideia de finalidade, em que todas as coisas hão de retornar (por isso, amemos o agora, o nosso destino, aquilo que estamos fazendo – *amor fati*), e a ideia de **niilismo**, que ataca todos os valores.

Nietzsche é alguém que reconhece a desvalorização e o desgaste de todas as coisas e sabe que quem pode superar o niilismo é o "além do homem", que significa uma supressão das ideias de bem e mal, céu e terra, essência e aparência, ideia e matéria, númeno e fenômeno, verdade e mentira, deus e homem; significa também uma superação. A **supressão** só não basta, é preciso, também, fazer uma **superação**. Ele é aquele que está cheio de uma virtude: a vontade de potência.

Nietzsche usa a figura de Zaratustra de forma ficcional para dizer exatamente o oposto daquilo que pregava o verdadeiro Zaratustra (também chamado de Zoroastro), fundador das concepções de bem e mal no século VI a.C. Sua ideia em *Assim falou Zaratustra* (1998b) não é a de retirar os fardos dos homens, pois, se ele suprime os fardos morais, acaba colocando outro fardo: o da responsabilidade própria. Ele propõe o "além do homem". O homem deve ser superado. O homem é ainda mais macaco do que o próprio macaco, ou seja, digno de riso. São envenenadores do espírito aqueles que dizem "sofram aqui para ser feliz lá no além". Ora, quem despreza o corpo preza a alma. O "além do homem" propõe o desprezo da alma e é ele o mar no qual pode acontecer esse grande desprezo (Nietzsche, 1998b, p. 29-30).

No primeiro discurso de *Assim falou Zaratustra*, Nietzsche afirma que, para chegar até a superação, o espírito humano passa por algumas metamorfoses, passando de camelo a leão e deste a criança, quando sua inocência lhe permite o *amor fati*, imbuído do espírito dionisíaco. Zaratustra avisa, no entanto, que, caso queiramos transvalorar todos os valores e passar por todo esse processo de supressão e superação, devemos ser vacinados com uma dose de loucura.

Assim, podemos perceber que o objetivo dessa reflexão ética nietzschiana é a completa destruição, ou melhor, a supressão e a superação dos valores morais instituídos pelos escravos e ressentidos e a instituição de novos valores morais ditados pelo "além do homem", que só pode ser alcançado pela vontade de poder, vontade esta que diz respeito à afirmação das forças vitais que há no homem.

Essa reflexão ética de Nietzsche, sem dúvida, como já mencionamos em outro momento, representa um marco na história do pensamento filosófico e, de modo específico, para a filosofia moral e ética. Essa forma de pensar revolucionou o modo como estruturamos nossos valores e códigos morais e é justamente por isso que ela se insere no final da modernidade e no início da contemporaneidade.

Na sequência, veremos como os autores que vieram após Nietzsche contribuíram para essa reflexão ética na contemporaneidade.

5.2
A ética de Freud

É comum pensarmos na ética como uma forma que os seres humanos encontraram de tentar justificar os valores morais vigentes na sociedade, dados pela tradição, ou ajustá-los ao contexto e às mudanças históricas, sociais e culturais que essa sociedade vai experimentando com o passar do tempo.

Compreender a ética como uma reflexão acerca dos padrões morais instituídos é tornar claros os princípios e fundamentos desses valores morais e, na medida em que for necessário, modificá-los segundo os anseios e as necessidades atuais.

Ora, diante dessa prerrogativa fundamental, podemos perceber que, ao longo da história, a razão sempre se colocou como um instrumento capaz de realizar esse intento de maneira segura e convincente. Foi assim com os filósofos gregos (com Sócrates, Platão, Aristóteles e os helenistas), com os medievais (que viam na razão uma aliada imprescindível da fé na busca de uma vida de santidade) e com alguns dos modernos (seja com a capacidade racional do príncipe em Maquiavel, seja com Kant ao exaltar essa faculdade humana como a ferramenta por excelência na criação dos deveres morais).

Todavia, no início do que chamamos de *contemporaneidade*, Nietzsche revolucionou a forma como compreendemos o papel da razão na formulação de nossas concepções e valores morais, entendendo-a como algo que nos conduz a uma vida de valorização do nada (niilismo), de negação de nossos impulsos vitais, que é nossa vontade de poder, e, portanto, nos faz viver uma vida ética própria da classe dos escravos e ressentidos.

A razão, portanto, na concepção contemporânea, deve ser deixada de lado por não favorecer nossa liberdade, ou melhor, nossa vontade livre, pois, ao contrário, ela coloca limites e proibições a nossa conduta em vista de princípios metafísicos (niilistas). Com efeito, o fato de entendermos a razão sem a hipocrisia iluminista nos faz compreender que uma vida ética excelente é aquela que nos permite maior grau de liberdade e, por consequência, de responsabilidade pelos nossos atos, valorizando os impulsos vitais inerentes ao homem, contrariamente ao que pensavam os cristãos, que negavam esses impulsos, trocando-os pela promessa do paraíso, do céu, ou seja, de valores válidos universalmente e que são impostos a todos como deveres.

Com Sigmund Freud (1856-1939) e o surgimento da psicanálise, temos mais um capítulo da história do pensamento ético que busca desmascarar a razão e sua hipocrisia de querer dominar o animal homem por meio de valores tidos como universais, mas que não passam de valores terrenos, relativos, forjados por uma cultura ressentida e, em termos freudianos, doentia, neurótica, patológica, a qual, porém, ao longo do tempo, sempre se colocou como a melhor proposta de todas e buscou essa pretensa validade universal por meio de uma rebelião da moral (como nos ensinou Nietzsche).

Veremos, neste tópico, como a análise freudiana nos ajuda a compreender uma postura ética que leva em conta o **inconsciente** e o modo como ele determina a vontade dos seres humanos de maneira mais eficiente que a **razão**.

Ao elaborarmos uma explicação da ética de Freud, demonstraremos que sua análise passa necessariamente pelo esclarecimento de alguns conceitos-chave, sobretudo a noção que ele criou de inconsciente e a subdivisão das instâncias mentais que os seres humanos apresentam, as quais ele chama de *id*, *ego* e *superego*, bem como a compreensão daquilo que ele denomina de *complexo de Édipo*.

Tudo isso foi levado a cabo por Freud em seu trabalho na criação da psicanálise, quando investigou as doenças de seu tempo, como a neurose e a histeria, que são frutos da repressão de nossos impulsos vitais e sexuais, que geram um sentimento de culpa.

Acreditamos que, ao explicitarmos esses conceitos, conseguiremos demonstrar a complexa reflexão que Freud faz sobre os valores morais de seu tempo, em outras palavras, conseguiremos esclarecer sua proposta ética como um todo.

5.2.1 O complexo de Édipo

O complexo de Édipo é uma teoria criada por Freud com base na análise psicanalítica do **mito de Édipo**, sobretudo da análise da obra clássica de Sófocles intitulada *Édipo rei*, que ele tomou como base para a elaboração de uma série de conceitos utilizados em suas obras. Leão Cabernite (1976, p. 23), um dos intérpretes de Freud, afirma que foi o Édipo de Sófocles que serviu a Freud em sua costumeira prática de aproveitar os mitos, as lendas e o folclore para a ilustração de suas descobertas psicológicas. Segundo constatou Cabernite, Freud começou a descrever a situação edipiana em 1897, quando escreveu uma carta a Wilhelm Fliess expondo a descoberta que fizera da situação edipiana, principalmente tendo como base sua autoanálise, que, como declarou o próprio Freud, "é realmente a coisa mais essencial que me ocupa atualmente e promete adquirir maior valor para mim, se chegar a seu término" (Freud, 1987a, carta 71). Segue-se, assim, uma citação à referida carta, em que consta a descoberta freudiana.

> Verifiquei, também no meu caso, a paixão pela mãe e o ciúme do pai, e agora considero isso como um evento universal do início da infância, mesmo que não tão precoce como nas crianças que se tornaram histéricas. (Algo parecido com o que acontece com o romance da filiação na paranoia – heróis, fundadores de religiões.) Sendo assim, podemos entender a força avassaladora de Oedipus Rex [...] a lenda grega capta uma compulsão que toda pessoa reconhece porque sente sua presença dentro de si mesma. Cada pessoa da plateia foi, um dia, em germe ou na fantasia, exatamente um Édipo como esse, e cada qual recua, horrorizada, diante da realização de sonho aqui transposta para a realidade, com toda a carga de recalcamento que separa seu estado infantil do seu estado atual. (Freud, 1987a, p. 105-106)

Cabernite (1976, p. 32), ao elaborar sua interpretação das obras de Freud, mostra-nos que "Édipo é respeitado por todos, porque [...] existe em todos nós [...]. Afastamo-nos horrorizados da lembrança do nosso próprio Édipo graças à repressão que separa nosso estado infantil do nosso estado adulto". Mostra-nos, também, que o termo *complexo de Édipo* aparece pela primeira vez nas obras de Freud para "descrever os múltiplos componentes emocionais do fenômeno edípico" (Cabernite, 1976, p. 33), demonstrando a preferência dos homens pelas prostitutas, em virtude de fixações edipianas, no sentido de que "a mãe é a figura promíscua, que ama o marido (pai) e os filhos ao mesmo tempo. O encontro sexual do homem com a prostituta é psicologicamente também um encontro simbólico com o pai (o 'outro' parceiro da prostituta), o que, portanto, transforma aquela mulher em mãe" (Cabernite, 1976, p. 33).

É diante dessas prerrogativas edipianas que o problema da moral se instaura e exige de Freud uma resposta que atenda a suas expectativas para uma reflexão ética.

Mas de que forma o complexo de Édipo vem a constituir-se como uma das principais fontes de análise ética? Quais são os processos que perpassam tal constituição?

É o que vamos esclarecer a partir do próximo tópico, ao tratarmos da estrutura mental descrita por Freud.

5.2.2 *Id, ego e superego*

Em sua obra *O ego e o id*, que é o último dos seus grandes trabalhos teóricos, Freud (1976a, p. 14) "oferece uma descrição da mente e de seu funcionamento que, à primeira vista, parece nova e até mesmo revolucionária". Ele elabora uma teoria da mente mais sofisticada em comparação com as anteriormente propostas, aprimorando e clarificando sua grande descoberta teórica – que o lançou ao *hall* dos grandes pensadores de todos os tempos –, a saber, que nós não somos senhores de nossa própria casa, mas governados por nossos impulsos e desejos que ficam guardados no inconsciente*.

No início de sua análise, ele afirma:

Formamos a ideia de que em cada indivíduo existe uma organização coerente de processos mentais e chamamos a isso o seu ego. É a esse ego que a consciência se acha ligada: o ego controla as abordagens à motilidade – isto é, à descarga de excitações para o mundo externo. Ele é a instância mental que supervisiona todos os seus próprios processos constituintes e que vai dormir à noite, embora ainda exerça a censura sobre os sonhos. (Freud, 1976a, p. 28)

Freud relaciona o ego com a parte do aparelho mental que é consciente. No entanto, aprofundando a análise, ele percebe que há no próprio ego algo que é também inconsciente, "que se comporta exatamente como o **reprimido** – isto é, que produz efeitos poderosos sem ele próprio ser consciente e que exige um trabalho especial antes de poder ser tornado consciente" (1976a, p. 30, grifo do original). É com base nisso que Freud passa a caracterizar o aparelho mental e suas divisões com outras denominações mais sofisticadas, preservando a originalidade principal. Nesse contexto, surgem os termos *id*, *ego* e *superego*.

---

*   Esse foi o terceiro grande golpe que a humanidade sofreu em seu narcisismo. O primeiro golpe foi a criação da teoria do heliocentrismo por Nicolau Copérnico, que tirou a Terra do centro do Universo (e, consequêntemente, o homem). O segundo golpe foi dado por Charles Darwin com sua teoria do evolucionismo: com ela, o homem passou a estar no mesmo nível dos outros animais, deixou de ser uma criatura especial, criada à imagem e semelhança de Deus, e passou a ser uma criatura que provém de um processo evolutivo de outras criaturas, de outros animais.

Wilson Castello de Almeida (1996, p. 15) explica de forma clara e didática esses conceitos.

> O chamado Id (Isso) nomeia a instância virtual da personalidade correspondente à carga instintiva radicada na estrutura constitucional da espécie humana, exigindo respostas imediatas para suas necessidades básicas, elementares e vitais: pulsões de autoconservação, por exemplo. [...] Do Id sairiam os impulsos, passíveis de serem modificados pelo Ego [...]. O Ego (Eu) formar-se-ia do Id, seria mesmo uma parte dele, surgindo através de um processo de diferenciação. Se fosse possível situá-lo espacialmente, ocuparia uma zona entre o Id e a realidade do mundo externo. O Ego poderá inibir ou modificar o Id e também permitir-lhe transformar-se diretamente em ação; e registraria os impulsos do Id projetando-os sobre os objetos externos em forma de sentimentos e afetos.

Em relação ao superego, Almeida (1996, p. 16) nos mostra que se formaria a partir do processo de identificação das figuras parentais que se inicia durante a fase de alimentação dos recém-nascidos. A partir dessa fase de desenvolvimento da criança, surge o superego, o qual tem a função de representar internamente as exigências normativas que a sociedade impõe a todos os sujeitos por meio dos códigos morais e éticos, que cumprem o papel de disciplinar, coagir e punir aqueles que não se enquadram no sistema social.

5.2.3 Ética e psicanálise

O superego cria nossa consciência moral e nos leva a seguir as regras e normas sociais. Ele procura introjetar os valores morais em nós e nos obriga a cumpri-los sob pena de punição.

Claro que esse cumprimento nem sempre é feito de maneira pacífica pelo aparelho psíquico do indivíduo, e o superego, por vezes, é tomado como a instância que pune o próprio sujeito por não conseguir se adequar às regras e aos valores sociais. Como efeito dessa punição, surge o que Freud designa como **culpa**. Foi observado por Freud (1976a, p. 65) que, em muitos casos, a culpa era o mais poderoso obstáculo à cura de uma enfermidade. Tanto na neurose obsessiva como na melancolia, o sentimento de culpa é intensamente consciente e, nesse caso, uma interpretação do sentimento de culpa não apresenta dificuldades: "ele se baseia na tensão existente entre o ego e o ideal do ego [superego], sendo expressão de uma condenação do ego pela sua instância crítica" (Freud, 1976a, p. 67). No caso da histeria, o sentimento de culpa permanece inconsciente por causa do ego: "O ego histérico desvia uma percepção aflitiva com que as críticas de seu superego o ameaçam [...] através de um ato de repressão" (Freud, 1976a, p. 68).

Uma das questões éticas que Freud procura resolver durante essa análise é o porquê de o superego desenvolver tanta rigidez para com o ego, introjetando neste valores e ideias morais que exigem a repressão dos instintos vitais de maneira radical. Segundo Freud, isso ocorre porque existem no ser humano basicamente dois impulsos básicos: os instintos de vida, ou instintos sexuais (de amor), Eros, e os instintos de morte, ou de agressividade, Thanatos.

Freud compreende que o objetivo primário de todo homem é a satisfação integral de suas necessidades. A partir do momento em que isso não ocorre, acontece um fenômeno interessante: os instintos voltam-se para trás, para o interior, para dentro do próprio homem. É aí que residem as doenças estudadas por Freud, é nessa repressão dos instintos básicos do homem, por meio da introjeção dos ideais e dos valores morais pelo superego ao ego, que surge a culpa e, como efeito desse poderoso sentimento, surgem a neurose e outras doenças psíquicas.

Freud (1974b, p. 146), em sua obra *O mal estar na civilização*, afirma que a agressividade que o ego gostaria de ter descarregado sobre outros indivíduos – sobre o pai, no caso do complexo de Édipo – é introjetada, internalizada, mandada de volta para o lugar de onde proveio, no sentido de seu próprio ego, sob a forma do superego.

A tensão entre o severo superego e o ego, que a ele se acha sujeito, é por nós chamada de sentimento de culpa; expressa-se como uma necessidade de punição. A civilização, portanto, consegue dominar o perigoso desejo de agressão do indivíduo, enfraquecendo-o, desarmando-o e estabelecendo no seu interior um agente para cuidar dele, como uma guarnição numa cidade conquistada. (Freud, 1974b, p. 147)

O sentimento de culpa seria, portanto, fruto da ação desse guardião da moral internalizado em nós na forma de superego. Este tem a função de formar nossa consciência moral e fazer com que nossas ações estejam em concordância com as leis sociais. Com efeito, vemos que, na concepção formulada por Freud, nós somos impulsos e desejos inconscientes, não somos senhores de nós mesmos se nossa razão não consegue nos governar. Para a ética, isso tem consequências graves, pois, se não somos senhores de nossas ações, como podemos ser responsáveis por elas? Nesse caso, não somos livres, pois não conseguimos manter uma vontade livre que aja em conformidade com os deveres sociais.

Quando descrevemos as reflexões éticas elaboradas ao longo de toda a história, procuramos demonstrar como cada pensador, em seu tempo histórico, buscou contribuir com esse estudo e apresentar soluções para conflitos de ordem moral, mostrando-nos o caminho para uma vida virtuosa – a qual anseia pelo bem, pela verdade – e que, de certa forma, foi cristalizado em forma de leis, que devem ser seguidas por todos, leis que são frutos da autonomia moral e de uma liberdade que visa a trazer benefícios para os seres humanos como um todo. Todavia, diante da proposta de reflexão apresentada por Freud, vemos alguns problemas surgirem: o que produzimos é fruto do nosso inconsciente ou de nossos impulsos e instintos, mas a razão não tem autonomia sobre eles e muito menos consegue controlá-los. A razão, nesse caso, seria uma ficção moderna criada para iludir os indivíduos.

Da mesma forma, ao entendermos que a repressão dos impulsos vitais causa uma série de prejuízos ao homem (como a culpa ou as doenças de ordem psíquica), não podemos falar de autonomia moral que seja capaz de criar regras e deveres possíveis de serem cumpridos na prática, possíveis de serem realizados: a moral seria apenas um elemento criador de doenças e nunca um elemento virtuoso que visa à construção de uma sociedade harmoniosa e à felicidade.

Justamente por isso é que a psicanálise fundada por Freud nos mostra que praticar atos que ao longo da história foram considerados delitos ou violações de regras morais não podem ser tomados como tal:

Do ponto de vista do inconsciente, mentir, matar, roubar, seduzir, temer, ambicionar são simplesmente amorais, pois o inconsciente desconhece valores morais. Inúmeras vezes, comportamentos que a moralidade julga imorais são realizados como autodefesa do sujeito, que os emprega para defender sua integridade psíquica ameaçada (real ou fantasmagoricamente). Se são atos moralmente condenáveis, podem, porém, ser psicologicamente necessários. (Chaui, 2000, p. 458)

Diante disso, a psicanálise não pode ser considerada uma teoria ética propriamente dita, mas uma ferramenta que busca compreender o homem tal como ele é, sobretudo com sua parte inconsciente, e propor um tratamento eficiente para ajudar as pessoas a lidar com suas emoções e instintos sexuais reprimidos pela moral social vigente.

O maior desafio da sociedade contemporânea é, com base nisso, criar novas normas morais sociais que visem a harmonizar os desejos do inconsciente das pessoas de maneira aceitável na sociedade.

5.3
A ética de Sartre

Jean-Paul Sartre (1905-1980) elaborou uma reflexão ética que está ligada à sua posição na corrente de pensamento conhecida como *existencialismo*, que pode ser compreendido como um conjunto de reflexões que busca na existência humana a base para toda e qualquer formulação teórica.

As análises de cunho existencialista surgiram no século XX, porém trouxeram consigo a influência de pensadores que viveram antes desse período, como Søren Kierkegaard, Friedrich Nietzsche e Arthur Schopenhauer. Além de Sartre, encontramos outros pensadores que defendem os ideais pregados por essa escola filosófica, entre os quais podemos mencionar Martin Heidegger, Simone de Beauvoir e Karl Jaspers.

Para explicar a posição ética de Sartre, procuraremos, portanto, demonstrar como tal posição se insere na perspectiva da escola à qual ele pertence e como ajuda a fundamentar as questões existencialistas e, ao mesmo tempo, é fundamentada por tais questões.

Alguns conceitos, como consciência, liberdade, responsabilidade, angústia e má-fé, são considerados centrais para explicarmos a ética existencialista de Sartre e, desse modo, serão esclarecidos neste tópico (ao menos de forma introdutória).

5.3.1 A consciência e a náusea

Com base na análise de suas obras capitais, intituladas *O ser e o nada* (2007) e *O existencialismo é um humanismo* (1987), vemos que Sartre compreende a consciência como aquilo que é formado a partir da **existência** das coisas do mundo, e ela mesma se constitui e se dá no mundo. Decorre daí a ideia existencialista de que a **existência** precede a **essência**. Em outras palavras, primeiramente os seres humanos existem no mundo para, a partir de então, definirem que são. A determinação de nossa essência não acontece de uma vez por todas, mas é um processo que se dá constantemente a partir das escolhas que tomamos diariamente.

Sartre constata que o mundo (o "**em si**") não tem sentido. Quem dá sentido a ele é a consciência dos sujeitos (o "**para si**"). Assim, a encarnação da consciência no mundo é a condição da existência do mundo, ou melhor, para falarmos em termos sartreanos, a encarnação do "para si" no "em si" é que o carrega de sentido. Quando conectamos essa ideia à nossa discussão sobre ética, podemos averiguar que não existem no mundo valores morais absolutos compreendidos como certo ou errado, justo ou injusto, bom ou mau. As coisas estão aí no mundo, e quem as carrega de sentido, quem as valoriza moralmente ou não é a consciência.

Sem os objetivos do homem, o mundo e suas coisas são desprovidos de sentido. Sem o sujeito que, por meio de sua consciência, dá sentido ao mundo contingente e desprovido de qualquer nexo, a existência é torpe e vil (Sartre, 2007, p. 85).

Com efeito, para Sartre, ao constatar o absurdo das coisas deixadas a si próprias, o homem sente-se nauseado. A **náusea** seria o sentimento expresso diante da constatação de que a realidade de tudo o que existe é absurda, ou seja, não tem sentido. Não há nenhum valor absoluto, nenhum ente supremo que necessariamente determine o sentido das coisas e as sustente como se apresentam (Sartre, 2007, p. 425).

Então, como conferir sentido às coisas se a náusea nos arrebata? Segundo Sartre, teríamos de nos fazer a seguinte proposta: se, no sentimento nauseante, nos encontramos diante do absurdo do mundo em sua contingência sem fim, então a consciência, que sempre é consciência de algo (nesse algo mesmo que é o absurdo do real), permite-nos verificar que ela não é o mundo e, nessa constatação de que a consciência é algo distinto do mundo (mas está presente nele), podemos encontrar uma saída. Podemos nos propor a dar sentido às coisas do mundo.

A seguir, examinaremos outros dois conceitos que nos ajudam a compreender essa proposta ética.

5.3.2 A liberdade, a angústia e a má-fé

A consciência é a possibilidade livre que temos de dar sentido ao mundo, que é desprovido de sentido. O mundo é tal qual ele mesmo é, ou, na terminologia sartreana, o mundo é o "em si", que já está dado em sua contingência e absurdez. Por outro lado, a consciência, chamada por Sartre de *para si*, não é a totalidade dada e acabada, não está pronta, mas "está sendo", e sua possibilidade livre (a liberdade) é que lhe permite conferir sentido àquele absurdo do mundo (Sartre, 2007, p. 156).

A **liberdade** que constitui a consciência como possibilidade não é um ser. Essa liberdade consciente é a condição de ser do homem, a qual lhe permite ser livre, mas também o condena a sempre escolher: "Ser livre é estar condenado a ser livre" (Sartre, 2007, p. 182). Com isso, devemos entender que aquilo que optamos por realizar, isto é, aquilo que escolhemos fazer de nós mesmos em nosso projeto existencial (a vida), é resultado da possibilidade livre de escolha que nos é dada pela consciência. Passível de responsabilidade por tudo o que faz de si mesmo, o homem não deve procurar eximir-se (procurar desculpas) daquilo que resultou como seu destino (Sartre, 2007, p. 369). Visto que o homem se determina ao definir o mundo tal qual ele é "em si", todas as possibilidades devem ser analisadas. Essa proposta de Sartre de que o homem deve assumir as consequências de seus atos sem atribuir a culpa a elementos externos, como a sociedade, Deus, o destino ou o outro, faz com que o homem se angustie, pois o levará sempre a ter de escolher, a exercer sua liberdade e, com isso, assumir todo o risco de sua decisão.

Nesse sentido, seu sucesso ou seu fracasso depende, unicamente, de si próprio e, como nem sempre o homem sabe qual é o melhor caminho para aquilo que espera, surge a **angústia** como uma companheira fiel em sua caminhada rumo à liberdade extrema que deve experimentar em toda e qualquer decisão.

A negação da angústia ou a procura por dirimi-la, de modo inadequado, como estado consolidado no homem, resulta na postura de **má-fé**. (Sartre, 2007, p. 92). Como conduta de má-fé, devemos entender a atribuição de culpa a fatores externos, quando nossas escolhas não redundam em consequências desejadas ou pretendidas pela nossa subjetividade. Nesse sentido, a má-fé é uma espécie de mentira para nós mesmos, um ato de renúncia à nossa própria liberdade.

De acordo com Sartre, não podemos culpabilizar as circunstâncias ou responsabilizar outro que não nós mesmos pelas consequências das escolhas que fizemos, pois isso seria o mesmo que dizer que não éramos **conscientes** quando optamos **conscientemente** por algo. Se não bastasse a contradição expressa na sentença, podemos perceber que essa conduta tenta colocar a consciência no plano absurdo das coisas do mundo.

A absurda aventura que é a vida faz o homem lançar-se a ela positivamente diante da angústia. É nesse sentido que nossas escolhas – e as consequências delas – são exclusivamente de nossa responsabilidade. Somos convocados a constituir valores, dar sentido às coisas. De modo contrário, na atitude de má-fé, nosso comportamento seria insistir que nossas escolhas são predeterminadas e admiti-las como são. Resultaria em agir contra nossa consciência angustiada diante da absurdez em que a vida nos joga.

E qual é o papel da ética, dos valores morais e, consequentemente, dos **outros**, que criam valores que não são frutos da consciência do próprio indivíduo, mas de **outra** consciência que determina valores? É o que veremos no próximo tópico.

5.3.3 A concepção ética de Sartre

Podemos afirmar, com Sartre, que a mesma coisa que é **"para si"** também o é **"para outros"**. Isso implica dizer que a subjetividade humana não suprime aquilo que a ela se equivale. Dito de outro modo, o "outro" não é um objeto no meu mundo, mas uma consciência (outra) que invade a minha subjetividade.

Nesse sentido, o projetar-se do outro em mim me desvencilha da responsabilidade de que meus projetos são somente meus. Assim, perdemos o centro de nossa subjetividade diante da consciência alheia (Sartre, 2007, p. 286).

Ao analisarmos o pensamento de Sartre sobre esses questionamentos, entendemos que o "para outro" se apresenta à nossa consciência como conflito, como luta. Diante disso, como fazemos para estipular a liberdade individual limitada pela liberdade do outro? Ou, ainda, como determinar valores morais e éticos e dar as condições para que nossa ação seja considerada como tal sem prescindir da nossa liberdade individual?

Em primeiro lugar, devemos perceber que uma consciência livre apresenta a mesma finalidade e o mesmo objetivo que a consciência de outrem. Assim, devemos admitir que somos livres e assim queremos continuar existindo, ao passo que também queremos expandir ao máximo nossa liberdade por meio de nossos projetos. Assim, podemos afirmar que o meu projeto de existir projeta-se também como projeto do outro. Ambos podem não ser exatamente o mesmo (na verdade, não o são), mas se referem ao projeto de humanidade que é reconhecido em todos nós. Os valores morais e éticos devem, portanto, levar essa humanidade que há em todos nós a formular seus princípios.

É desse modo que compreendemos que não somos algo dentro de uma bolha, que podemos agir livremente, mas a liberdade dos outros e as condições materiais da existência são levadas em consideração na elaboração de nosso projeto de vida, assim como as leis morais devem ser determinadas em função disso. Eis porque o ser "para si", a consciência do homem, é tida como presente no mundo (em si) e como subjetividade "para com outros" (Sartre, 2007, p. 336-337). Aqui, a liberdade própria imiscui-se na liberdade alheia em um único plano: a liberdade total do homem em projetar os rumos da sociedade humana.

Esse projeto não deve ser entendido de forma fixa e enrijecida por qualquer espécie de absolutismo; ao contrário, devemos sempre nos questionar diante das escolhas e das consequências delas, com o intuito de corrigir tal projeto e redirecioná-lo nos âmbitos da liberdade total de podermos nos projetar para além das situações dadas. Por essa via, são elaborados os valores morais determinados como válidos. Como os valores são forjados tendo como base situações dadas (significa que são criados historicamente e têm sua validade circunstancial), devemos constantemente colocá-los à prova. Não existe nenhum valor absoluto, pois os valores são objetos criados pela consciência humana, devendo, assim, ser revisados ininterruptamente a fim de constatarmos se ainda se constituem como valores capazes de instituir e promover o projeto de humanidade, o qual é a única motivação (nosso objetivo) que nos leva a dar sentido ao mundo.

Síntese

Neste capítulo, procuramos enfatizar que o projeto iluminista, que pretendia a exaltação da racionalidade, mostrou-se utópico e irreal na contemporaneidade, e vimos surgir no campo da ética pensadores que atentaram para essa suposta farsa.

Nietzsche nos ajudou a compreender essa farsa ao realizar uma genealogia da moral e nos mostrar que tudo o que acreditávamos ser fruto de um empreendimento da razão não passa de uma ação de nossa vontade de poder, que deseja tornar-se efetiva a qualquer custo. Porém, somente o "além do homem" consegue realizar esse feito, que exige a supressão e a superação de todos os valores morais que foram produzidos no Ocidente, sobretudo pela cultura cristã.

Com Freud, conseguimos perceber que não somos senhores de nós mesmos, mas governados por forças inconscientes que habitam em nós. Por meio da criação de uma terminologia específica amplamente utilizada na psicanálise para o tratamento de doenças de origem psicossomática, Freud contribuiu também para a compreensão de aspectos fundamentais de nossas instâncias mentais e, especialmente, para a compreensão do processo de formação (e os impactos) da moral nos seres humanos.

Vimos ainda que, a partir do existencialismo de Sartre, estamos diante da condenação que a liberdade nos propõe, uma condenação que implica a responsabilidade de nossas escolhas e que, com isso, nos leva a pensar a existência de maneira angustiante.

Atividades de autoavaliação

1. Tomando como base o que foi exposto sobre a ética de Nietzsche neste capítulo, assinale a alternativa que informa o tipo de método criado por ele para investigar o campo da moral e da ética:
   a) Método dialético.
   b) Método materialista.
   c) Método psicanalítico.
   d) Método genealógico.

2. Nietzsche, ao realizar uma genealogia da moral, identifica que sempre houve dois tipos de moral no mundo: a dos fracos e a dos fortes. Analise as afirmativas a seguir e, depois, assinale a alternativa correta:
   I. A moral dos senhores é uma moral reativa, ou seja, sempre reage ao que o mundo, as pessoas e a sociedade impõem a eles, e, portanto, não consegue criar nada que lhe é próprio.
   II. A moral dos fracos é uma moral de rebanho, que aceita a característica do que é considerado como mal imposta pelos senhores.
   III. A rebelião da moral foi empreendida pelos fracos que queriam ocupar o lugar dos senhores e resultou na criação de uma única moral, transmitida por instituições sociais que contemplam somente essa perspectiva.

   a) As afirmativas I e II estão corretas.
   b) As afirmativas II e III estão corretas.
   c) As afirmativas I e III estão corretas.
   d) Todas as afirmativas estão corretas.

3. Com Freud e o surgimento da psicanálise, temos mais um capítulo da história do pensamento ético que busca desmascarar a razão e sua hipocrisia de querer dominar o animal homem com vistas a estabelecer valores tidos como universais, mas que não passam de valores terrenos, relativos, forjados por uma cultura doentia, neurótica, patológica. Entre as principais contribuições desse pensador para o campo da ética e da moral, podemos destacar:
   a) a descoberta do inconsciente.
   b) a descoberta da razão como criadora de valores.
   c) a descoberta da psicanálise como criadora de um método para desenvolver uma racionalidade moral.
   d) a criação de conceitos como id, ego e superego para compreender que a razão comanda essas instâncias mentais.

4. Freud ajuda-nos a compreender algumas implicações desenvolvidas no campo da moral por meio da criação de conceitos que nos explicam como funciona nossa mente, como o conceito de superego. Sobre o superego, é correto afirmar:
   a) Diz respeito aos nossos impulsos vitais (sexuais).
   b) Introjeta valores e ideias morais que permitem a afirmação dos instintos vitais e é formado com base nas características parentais do ser humano.
   c) É responsável por determinar valores e ideias morais dos seres humanos por meio da criação da personalidade, ou, em outras palavras, por meio da modificação do id.
   d) Tem a função de representar internamente as exigências normativas que a sociedade impõe a todos os sujeitos por meio de códigos morais e éticos.

5. (UFU – 1999) Segundo Jean Paul Sartre, filósofo existencialista contemporâneo, liberdade é:

   I. escolha incondicional que o próprio homem faz de seu ser e de seu mundo.

   II. aceitar o que a existência determina como caminho para a vida do homem.

   III. sempre uma decisão livre, por mais que se julgue estar sob o poder de forças externas.

   IV. estarmos condenados a ela, pois é a liberdade que define a humanidade dos humanos.

   Assinale:
   a) se apenas I e IV estiverem corretas.
   b) se apenas II e III estiverem corretas.
   c) se apenas I, II e IV estiverem corretas.
   d) se apenas I, III e IV estiverem corretas.

Atividades de aprendizagem

Questões para reflexão

1. Para Nietzsche, o "além do homem" é o único capaz de transvalorar os valores morais. Explique o que é o "além do homem" e em que consiste essa transvaloração dos valores morais.

2. Explique as diferenças entre as diversas instâncias mentais criadas por Freud e, sobretudo, como ocorre a culpa no indivíduo.

3. Qual é o papel da liberdade para a ética de Sartre?

Atividade aplicada: prática

Sigmund Freud foi apresentado de maneira brilhante pelo diretor cinematográfico John Huston no filme *Freud: além da alma*, lançado em 1963 nos Estados Unidos. Sugerimos que, após a leitura deste capítulo, você, caro leitor, reserve um tempo para poder assistir a esse filme e observe como foram retratadas a vida do pai da psicanálise e suas teorias no campo da psicanálise e da ética e como se deu o processo de descoberta de tais teorias, especialmente no que se refere às patologias causadas pela psique humana.

Parte 3

Problemas éticos atuais

O século XX foi marcado pelo grande avanço e desenvolvimento da ciência e das tecnologias, além de inaugurar uma fase com grandes reviravoltas na área da política, com o fortalecimento da democracia pelos quatro cantos do mundo. Foi palco de inúmeras revoltas sociais, implementação de regimes fascistas, desenvolvimento de uma indústria bélica nunca antes vista na história, que desembocou em duas grandes guerras que agitaram o cenário mundial, além, é claro, da corrida imperialista que os grandes países desenvolvidos industrialmente iniciaram com aquilo que ficou conhecido como partilha da África.

Durante o início da primeira metade do século XX, a Europa experimentou um período de paz que proporcionou o aprimoramento de diversos setores culturais e sociais, caracterizando a Belle Époque (Bela Época). Todavia, essa tão valorizada paz durou pouco tempo e deu lugar a dois grandes conflitos de proporções globais.

Findada a Segunda Grande Guerra, durante a segunda metade do século XX, o mundo veio a assistir à briga entre duas potências econômicas, políticas e sociais (Estados Unidos da América e União das Repúblicas Socialistas Soviéticas – URSS) que buscavam a hegemonia de sua ideologia, sua cultura, sua visão da organização da sociedade e de seus meios de produção (capitalismo e socialismo).

No campo da ética, vimos surgir, após os conflitos globais, uma preocupação com os direitos humanos e, com a ajuda da Organização das Nações Unidas (ONU), o mundo passou a implementar políticas que visavam a colocar em prática esses direitos, os quais foram materializados na famosa Declaração Universal dos Direitos Humanos (ONU, 1948). Essa declaração serviu de fio condutor para extirpar a barbárie que tomou conta da humanidade. Infelizmente, caminhamos a passos lentos na prática desses ideais, que, às vezes, diante de tantos absurdos, parecem tão *utópicos quanto necessários. Além disso, com as tecnologias que surgiram, vimos-nos diante de conflitos não somente de ordem política, mas também de ordem moral e ética e que exigem de cada cidadão um olhar atento e crítico voltado às relações humanas. Para resolver esses problemas gerados pela tecnologia na área biológica, surgiu uma área nova de pesquisa e estudo que ficou conhecida como* bioética.

Diante disso, examinaremos, na terceira parte deste livro, os problemas que envolvem os direitos humanos (Capítulo 6), procurando destacar brevemente o histórico do estabelecimento desses direitos e o impacto que tiveram no curso da história em relação ao desenvolvimento de propostas éticas. Por fim, concentraremos nossa tensão no tema da bioética (Capítulo 7), passando pela análise de seus campos de atuação e pelos problemas éticos que eles enfrentam nos dias atuais.

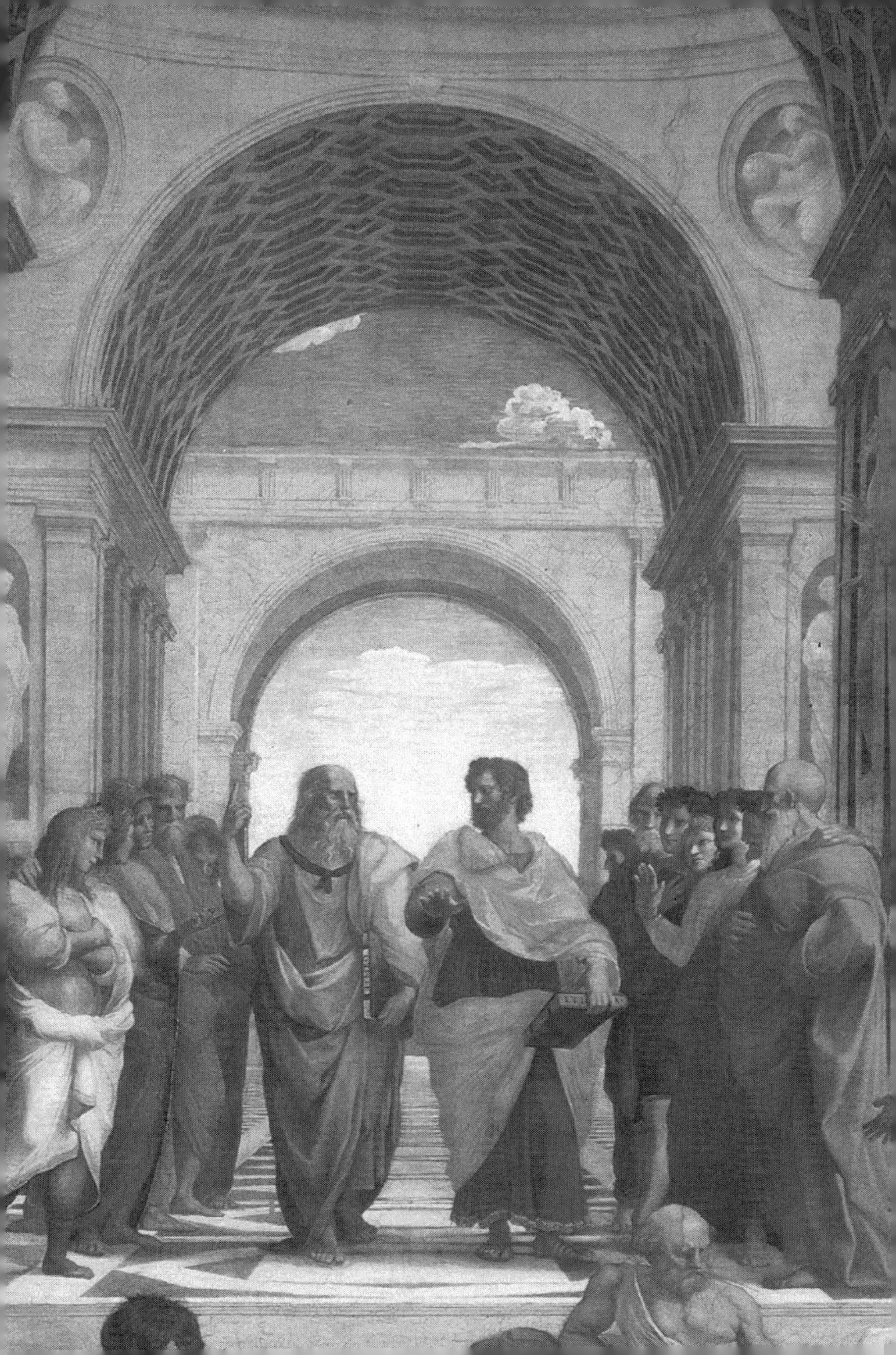

6
Ética, direitos humanos e cidadania

Para podermos refletir sobre os direitos humanos e o conceito que se relaciona intrinsecamente com eles, a saber, a cidadania, precisamos distinguir o que comumente se entende por direito daquilo que ele realmente representa. Posteriormente, por meio de uma superação conceitual, problematizando a todo tempo os avanços pretendidos nessa área e levando em consideração a origem dos direitos humanos, precisamos ter em mente a prática usual daquela noção, isto é, temos de verificar se empiricamente existe a efetivação de tais direitos ou se eles são apenas conjecturas idealizadas que nunca alcançam os indivíduos que deveriam deles se beneficiar.

Desse modo, inicialmente analisaremos a história dos direitos humanos, depois passaremos à definição do que hoje compreendemos como direitos próprios dos seres humanos e, por fim, veremos como tais direitos garantem que todos possam participar da sociedade de maneira digna, por meio da ideia de cidadania.

6.1
A história dos direitos humanos

Primeiramente, precisamos destacar que os direitos humanos são fruto de diversos erros e acertos que a humanidade vem atingindo constantemente ao longo dos tempos. O que temos hoje como direitos humanos decorre daquilo que foi conquistado historicamente, como discursos e práticas processados de modo gradativo e constante. Desse modo, tais direitos são pontos convergentes de necessidades percebidas no decorrer dos anos e que se relacionam estruturalmente com o tipo de construção social constituída em cada período histórico, destituída e erigida novamente por meio de conflitos revolucionários.

Ora, ao pretendermos indagar sobre a origem dos direitos humanos, sem dúvida alguma devemos recorrer à noção originária de *direito*. Para tanto, precisamos nos acercar de pensadores que entendem que, no início da democracia ateniense, o fundamento da legislação (da lei escrita) e a atividade cidadã em Atenas forneceram os meios para pensarmos a gênese do direito no que se refere, sobretudo, ao âmbito político. Mais tarde, já na Roma republicana, vimos instituir-se a bem elaborada e complexa sistematização de cerceamento de poder entre as esferas políticas, além de um intricado aparato jurídico com vistas a proteger os direitos particulares dos indivíduos (Pinto Coelho, 2009, p. 152).

Na Idade Média, mais especificamente na transição entre os séculos XI e XII, a ideia sobre a imposição de limites ao poderio do rei retornava à pauta por meio do questionamento do poder da realeza. Somos, então, convocados a colocar em prática nossa reflexão sobre os direitos, pois vemos que sua idealização serviu mais tarde para a definição dos direitos individuais ou particulares, procurando estabelecer o alcance e os limites das ações nobiliárquicas, da Igreja e as incumbências e necessidades do povo (Cunha; Mello; Spieler, 2010, p. 15).

Como evento histórico culminante dessa discussão sobre o poder régio, surgiu, não sem batalhas e vidas vencidas, o documento da Carta Magna, em 1215. Trata-se do resultado estabelecido com base na ideia que buscava limitar o campo de ação do Estado, o qual naquele momento estava sob o comando monárquico: "alguns autores tratam esse momento como o embrionário dos direitos humanos. Outros asseveram sua natureza como meramente contratual, acordado entre determinados atores sociais e referentes exclusivamente aos limites do poder real em tributar" (Cunha; Mello; Spieler, 2010, p. 16).

É necessário termos em mente que, no período medieval como um todo, a acepção sobre os direitos individuais ou direitos subjetivos guardava relação direta com o conceito de privilégio. Isso implica entendermos que o sujeito era subentendido pelo estamento ou pela ordem social (classe) em que se enquadrava, a saber: a realeza, a nobreza, o clero e o povo. Com efeito, aqueles indivíduos detinham um conjunto de normas que os beneficiavam ou os obrigavam de acordo com suas prerrogativas sociais. Essa ordenação social era estratificada rigidamente, ou seja, uma vez nascido em um determinado estamento, ali o indivíduo permanecia, conseguindo migrar para outro estamento somente em ocasiões raras.

Já na modernidade, temos algumas particularidades que nos interessam acerca desse tema, especialmente no tocante à Reforma Protestante. Um dos contributos importantes da Reforma, segundo nos faz entender Bobbio (1992), foi o fato de ela fragilizar e implodir a ordem estratificada citada anteriormente, pois, com o protestantismo, veio à tona um dos mais elementares direitos do indivíduo – a liberdade de prática religiosa.

A implosão do poder religioso sob o poder do Estado e as consequências para o povo na aquisição da liberdade de culto foram apenas o primeiro passo em direção à derrocada dos ideais medievais. No que se refere à nova ordem de direitos, devemos entender que a Reforma Protestante também contribuiu para a dessacralização dos direitos, isto é, para a admissão da racionalidade na fundamentação destes.

O que resultou da reformulação da noção sobre os direitos na modernidade ficou materializado em vários documentos oriundos das revoluções burguesas do século XVIII de diversos países, que ficaram conhecidos como "as primeiras declarações de Direitos" (Cunha; Mello; Spieler, 2010, p. 17).

Talvez você já conheça algum desses documentos ou já tenha ouvido falar deles, entre os quais estão o *Habeas Corpus Act*, de 1679, e o *Bill of Rights*, de 1689, ambos de autoria britânica; A *Declaração de Virgínia*, de 1776, de origem estadunidense; ou ainda a *Declaração dos Direitos do Homem e do Cidadão*, de 1789, assinada na França. Precisamos saber que todas essas declarações, além de partilharem aspirações semelhantes para a humanidade, também têm como elemento a inspiração no **direito natural**.

Consideradas como declarações que compõem o que devemos entender, segundo Trindade (2002), como **documentos da primeira geração dos direitos humanos**, a *Declaração de Virgínia* e a *Declaração dos Direitos* *do Homem e do Cidadão*, de fato, somente ganharam aplicação tempos mais tarde. Tal como nasceram, elas apenas se mantiveram no âmbito das aspirações que, mais tarde, serviram de base para fundamentar as leis que buscariam garantir os direitos por elas assumidos.

No intento de concretizar as aspirações descritas nas declarações sobre os direitos que devem resguardar a condição humana das diversas intempéries (naturais ou sociais) da vida, vemos surgir os **direitos humanos da segunda geração**. Ora, o que esses direitos têm de diferentes dos anteriores? Entendemos que, enquanto os direitos da primeira geração circunscrevem os ideais que devem nortear a vida do homem e do cidadão, na configuração legal que eles detêm, ou seja, na sua validade, eles asseguram o campo da governabilidade (referem-se às obrigações do Estado) ou, então, não passam de aspirações que só teriam validade concreta se transformadas em leis. Porém, outro é o caso dos direitos da segunda geração, pois são editados como constituições de uma nação, a exemplo da *Constituição Mexicana*, de 1917, e da *Constituição de Weimar* (Alemanha), ao fim da Primeira Grande Guerra (Edmundson, 2006, p. 62).

Por fim, como nos aponta Bobbio (1992), há ainda os **direitos humanos da terceira geração**, instituídos a partir da Segunda Grande Guerra. Como documento exemplar desse período, temos a *Declaração Universal dos Direitos Humanos* (DUDH), de 1948, da qual diversos países são signatários, buscando afirmar quais direitos são inalienáveis à pessoa humana, principalmente em decorrência de todos os eventos realizados durante a Segunda Grande Guerra, isto é, das práticas degradantes às quais foram submetidos os indivíduos em campos de trabalhos forçados e campos de extermínio.

A contextualização do processo de elaboração da DUDH indica-nos o quão marcadamente horrível estava a sociedade humana diante dos atentados contra a dignidade do homem naquele momento histórico. O que facilmente verificamos nos incita a apontar a adoção globalizante dos temas por parte dos países signatários, a saber, que todos reivindicam a primazia dos direitos individuais diante do Estado constituído. Ainda mais, os Estados são responsáveis por garantir e promover os direitos ali compreendidos.

Quando você for analisar os documentos que adotam a DUDH como viga mestra, como "o Pacto Internacional de Direitos Civis e Políticos e o Pacto Internacional de Direitos Econômicos, Sociais e Culturais, ambos de 1966" (Cunha; Mello; Spieler, 2010, p. 17), certamente você os tomará como frutos do sentimento pós-guerra que absorveu diversos países, não importando qual lado da batalha tenham defendido (se o Eixo ou os Aliados), especialmente se tomar por referência que o contexto desses documentos era o da Guerra Fria entre os Estados Unidos da América (EUA) e a já extinta União das Repúblicas Socialistas Soviéticas (URSS). Tal contexto, como afirma Bielefeldt (2000), serviu de base para uma luta humanitária, em que se viu a reivindicação de certo tipo de monopólio dos direitos humanos por partes daquelas duas potências.

Como sabemos, o fim dos anos 1980 marcou a queda dos ideais e das práticas socialistas como forma de governabilidade. Estabeleceu-se, diante disso, a partir dos anos 1990, a discussão sobre os direitos humanos não como uma política de esquerda ou de direita, mas como um conjunto de teses que dizem respeito à instituição e à preservação de mecanismos que permitam a promoção e a manutenção da dignidade humana por uma cadeia de aparatos legais e práticos (Rabenhorst, 2001, p. 32), reivindicando-se, para tanto, as condições de acesso e qualidade a pontos estratégicos da sociedade humana hodierna, a saber, as áreas da saúde, da educação, do trabalho, da segurança etc.

Em suma, historicamente, a DUDH é um documento que detém em sua gênese uma série de eventos e interesses ligados à defesa do ser humano. Ela tem como meta estabelecer e garantir a implementação, na forma da lei, de ações que não podem deixar de ser tomadas sem o preço da dignidade humana. Diante disso, nós, onde quer que estejamos, temos de primar por exigir a garantia desses direitos, pois se trata de uma resposta aos horrores que nossa espécie é capaz de causar, quando nada nos indica ou nos orienta sobre nossa condição indelével de sermos humanos.

Vejamos agora algumas características que definem um direito como direito humano.

6.2
O que são os direitos humanos

No que se remete à ontologia dos direitos humanos, ou seja, ao aspecto que define a identidade de tal matéria, você perceberá que é possível destacá-los como um conjunto de pensamentos e teses que postulam as mínimas exigências de uma **vida humana digna** (dignidade) de assim ser vivida e entendida.

As exigências que são observadas no documento da DUDH são as bases empíricas de qual lugar e qual fundamento devem servir como base ao se propor uma sociedade humana. Para tanto, o que há de fundamentar os direitos do homem é sua condição *sui generis* de indivíduo racional e autônomo, detentor de necessidades (condições sem as quais não pode viver) que, quando não atendidas, destituem-no de sua humanidade. Em última instância, a fundamentação dos direitos humanos, bem como sua origem, decorre do fato de identificarmos o homem como pessoa e em seu peculiar valor de dignidade (Pequeno, 2008b, p. 25).

De modo conciso, cremos ser possível abordar a fundamentação dos direitos humanos por meio de uma proposta – que talvez ainda deva ser mais bem esclarecida – quanto à noção de dignidade humana, como a conceituação que o homem faz sobre si mesmo. Tal modo de conceber a nós mesmos faz com que tenhamos uma acepção distinta ao tratarmos de coisas humanas e coisas não humanas. Talvez você esteja se perguntando: como definir o homem tendo por base essa noção de dignidade?

Ora, nesse ponto, a filosofia kantiana é de grande valia, pois ela nos permite traçar a linha de distinção entre os seres humanos racionais e as coisas outras que não são detentores da razão. Segundo podemos entender com Kant (1980), para tudo o que existe no mundo é possível admitirmos dois tipos de valores, a saber, o venal (preço) ou o valor em si mesmo (digno). Afirma Kant:

O que se relaciona com as inclinações e necessidades do homem tem um preço venal; [diz respeito] a uma satisfação no jogo livre e sem finalidade das nossas faculdades anímicas, tem um preço de afeição ou de sentimento [entendendo-se com isso] a condição só graças à qual qualquer coisa pode ser fim de si mesma, tem um valor íntimo, isto é, dignidade. [Deste modo] a moralidade, e a humanidade enquanto capaz de moralidade, são as únicas coisas que têm dignidade. (Kant, 1980, p. 140)

Devemos compreender, por meio do conceito de dignidade, que não existe no mundo natural ou na sociedade algo que possa substituir a condição de dignidade de um ser humano. Isso é tão personalizado, é algo tão peculiar ao ser humano que nem mesmo outro ser da mesma espécie pode substituí-lo, no que tange ao valor pessoal.

Nesses termos, como você certamente já deve ter entendido, a dignidade é o valor inalienável do sujeito humano: não podemos trocar ou restituir os valores venais das coisas que não têm dignidade, do contrário, não temos o poder de fazê-lo com a pessoa humana (Rabenhorst, 2001). Desse modo, para tratar o humano sem a condição de digno, precisamos antes destituí-lo de humanidade. Exatamente contra este último tipo de tentativa de ação é que se ergue a bandeira dos direitos humanos e se demonstra que esses direitos reivindicam a dignidade como cerne da existência dos homens (Rabenhorst, 2001, p. 115).

Contudo, se ainda diante dessa definição não nos fosse possível conceituar o que são os direitos humanos, Pequeno (2008b) indica que poderíamos intuir a pertinência e a necessidade de acatar e defender a dignidade humana como bem de todo modo. Isso acontece porque somos capazes de compreender que podemos prescindir da acepção filosófica de dignidade do homem sem, porém, deixar de perceber (de modo intuitivamente prático) que ela se refere a algo de indelével, talvez mesmo inefável, na constituição da personalidade de cada indivíduo da espécie humana. Assim, não seria necessário compreender o que o termo significa para proteger, por meio de práticas e mecanismos legais, aqueles que têm sua dignidade ameaçada.

Aparentemente, a concepção dos direitos humanos apoia sua ideia de dignidade humana sobre a própria noção antropológica que indica, ou seja, sobre a afirmação de que nós, como seres racionais e autoconscientes, detemos uma condição única no mundo. Tal entendimento nos deve permitir constatar que a condição humana se determina como sendo digna na medida em que efetiva o seu ser no mundo, ou seja, por meio das experiências vivenciadas que possam humanizá-la. Se assim for, devemos compreender eticamente o ser humano mediante seu caráter volitivo, que sempre busca aperfeiçoar as condições de sua existência.

Os direitos humanos têm como objetivo sintetizar os mais variados referenciais éticos desenvolvidos ao longo da história para nos ajudar a compreender a existência humana como um processo, ou seja, para nos mostrar que o homem é um ser que está em constante transformação e que, por isso, precisamos estar atentos para que, em meio a essas mudanças, não percamos de vista alguns elementos essenciais que nos tornam humanos. Em outras palavras, mesmo que as sociedades produzam transformações inimagináveis para a espécie humana, devemos sempre preservar o que nos humaniza. Assim, a ética que ancora os direitos do indivíduo em transformação adota o existir da espécie humana sob desenvolvimento constante. Dá-se então que, humanamente, existimos sobre um solo axiológico, para o qual servem de base os direitos humanos como cabedal teórico/prático, impelindo nossa vontade – como capacidade de escolha racional – a superar nossos instintos de amor próprio, por vezes prejudiciais à vivência comunitária.

Uma educação ética focada em diretos humanos talvez pudesse nos fazer compreender o quão importante eles são. Para isso, é importante inicialmente sabermos o que são esses direitos (tarefa que tentamos expor aqui), para posteriormente procurarmos aplicar concretamente esses ideais em nosso cotidiano. Com efeito, poderíamos esperar não ter de prescindir de uma acepção sobre o homem, nem mesmo uma na qual a dignidade seja entendida de modo meramente conceitual. Para tanto, devemos partir da realidade na qual estamos inseridos com nossas ideias e práticas diárias, imiscuindo-nos em importantes áreas do saber e de serviço na sociedade contemporânea, a fim de que possamos, por meio da temática dos direitos humanos, travar um embate com as forças excludentes de tais direitos, bem como adotar as práticas que incluam e defendam nossos direitos como propriamente humanos.

6.3
A cidadania baseada nos direitos humanos

Inicialmente, necessitamos demarcar o campo de observação caracterizado pelo retesamento a que se submetem os conceitos de direitos humanos e de cidadania. Isso porque falar de cidadania apenas sob uma perspectiva de uma nação ou de uma comunidade determinada sob um regime estatal não nos permitiria atingir a reflexão totalizante necessária para conceituar uma atividade humana, a saber: a ação cidadã. Para tanto, ao buscarmos estender à máxima amplitude nosso domínio do conceito de cidadania intrincado ao de direitos humanos, precisamos ter em mente o ser humano como cidadão do mundo.

A acepção moderna de cidadania, segundo nos aponta Vieira (2001), remete-se ao destacamento de **indivíduos** que compõem um **coletivo comum** que dispõe do mesmo **local** (espaço) e **meio para existência**. Com efeito, justamente a ininterrupta ampliação dessa acepção moderna nos permite entender e propor que a noção de ética cidadã, ou seja, as ações que têm por base o entendimento do que é cidadania, deve ser tomada por todos os indivíduos.

Nesses termos, os processos de crises mundiais e o avanço da globalização impulsionaram a reflexão sobre o conceito de cidadania, evidenciando o quão próximo ela está da concepção dos direitos humanos, e, ao mesmo tempo, suscitaram o enfraquecimento (quando não a derrocada) das práticas cidadãs em vários lugares do globo. Se nos fiarmos na fala de Marshall (1967, p. 56), para o qual "a plena expressão dos direitos de cidadania requer a existência de um Estado de Bem-Estar Social Liberal-Democrático [...]", então nos resta compreender que somente por meio de uma ordem governamental convenientemente estabelecida de acordo com os interesses humanísticos, somente em tal Estado, gozaríamos das condições plenas da ação cidadã.

Todavia, a cidadania concebida como exercício de direitos e deveres humanos extrapola a conjuntura idealizada de um Estado organizado naqueles modelos descritos. Devemos, com isso, entender que a cidadania, ou a aplicabilidade prática da ética cidadã, tem por tarefa instaurar as condições de direitos tendo por base a concepção de humanidade, que é universal. Desse modo, a localidade e o momento histórico com os quais nos deparamos devem servir de motivos para fomentar a reflexão sobre a cidadania e sua prática. Em suma, não se trata de defender e aplicar os direitos humanos e do cidadão onde estes já se encontram previstos constitucionalmente, mas de fazê-lo em locais onde eles são desconhecidos ou negados.

No complexo universo que é o sujeito de direitos, isto é, o sujeito abordado na plenitude de seu caráter racional/emocional, a ética cidadã propõe qual é a ação que deve resultar dessa combinação. Isso porque a ética, tomada como reflexão analítica e crítica da moral, prescreve uma postura a ser engendrada para compor a formação e a preservação de todo indivíduo disciplinado em meio a uma cultura cidadã, que vise às diretrizes norteadoras de uma educação em direitos humanos.

De modo sintético, podemos afirmar que uma *performance* dialógica prevalece na interpretação do sujeito de direitos, sobretudo ao estipular a ética pretendida para ele e por ele. Ou seja, por meio da valoração da parte racional, fundada na relação emotiva com que o indivíduo capta e transmite costumes, surgem os hábitos que virão a responder por sua ética. Essa mesma relação dialogal (razão/emoção) responde, segundo uma ética calcada nos direitos do homem, pela postura consciente que o sujeito tem de si mesmo como ser constituído de liberdade, de forma que essa tomada de consciência livre lhe imputa, consequentemente, o sentimento de responsabilidade, sentimento este que não é outra coisa senão o "elemento essencial à vida moral do indivíduo. Aliás, o homem só pode ser moralmente responsável pelos atos cuja natureza conhece e cujas consequências ele é capaz de prever" (Pequeno, 2008a, p. 37). Logo, a dinâmica racional, operando conscientemente, leva a cabo uma compaixão pelo outro ou uma consciência da sua importância.

Com isso, podemos falar aqui, com base em Pequeno (2008a), de uma razão emotiva que é a base do sujeito de direitos e que, por isso mesmo, é o mote para se pensar e se propor uma ética que toma esse sujeito como pontos de partida e de chegada. Tal ética, independentemente da natureza do sujeito, guarda relação direta com a cultura em que ele está inserido; portanto, é na educação, na formação para viver em sociedade, que ela alcança seu propósito, isto é, "na base do esforço para fazer do indivíduo um homem bom e, do sujeito, um cidadão exemplar" (Pequeno, 2008a, p. 37).

Entendida como processo, a educação sempre terá algo por fazer. Assim, proposta como meio de aperfeiçoamento humano, ela está sujeita ao ciclo contínuo do desenvolvimento cultural de cada povo. O maior benefício da pós-modernidade talvez tenha sido deixarmos de pensar a humanidade e suas relações como algo hermético, simples e resoluto: o ser absoluto, o homem civilizado em plenitude. Abrindo o leque de diversas possibilidades acerca do desenvolvimento do homem e de como pensar sobre ele, a sociedade pós-moderna se permite uma autoavaliação constante, uma depuração daquilo que realmente é correto e corresponde ao que se espera de uma ética cidadã calcada nos direitos universais do homem.

De modo geral, os desafios ainda são imensos, pois determinar um conjunto de regras gerais com a pretensão de serem universalmente aplicáveis à humanidade, que é tão diversificada, constitui-se em um problema de enorme proporção. Porém, formando-se o homem para que ele possa conhecer a si próprio como sujeito de direito e, com isso, levando-o a perceber o próximo (outro sujeito) como portador dos mesmos direitos, cremos que seja possível atenuar e até mesmo solucionar a grande questão: procurar fazer dos seres humanos futuros cidadãos do mundo, provincianos de uma única cidade cosmopolita. Podemos entender que a educação detém o poder de realizar tal missão.

Síntese

Ao *abordamos a* história dos direitos humanos, destacamos que os ideais e as práticas iniciais aos quais eles se destinavam eram construções históricas e locais que, posteriormente, foram assumidas por outros povos e, ao longo do tempo, serviram de inspiração para todos os indivíduos da humanidade.

Também analisamos que o conceito de dignidade se apresenta como cerne da acepção ontológica do conceito de direitos humanos, isto é, ao entendermos a dignidade como valoração humana, estamos lidando com a essência conceitual dos direitos humanos.

Por fim, vimos que a cidadania é intrínseca à concepção teórica e à conduta prática dos direitos humanos, especificando-os como direitos do cidadão.

Atividades de autoavaliação

1. Um dos documentos que nos servem de base para entender a elaboração dos direitos humanos é a Carta Magna de 1215. Sobre esse documento, é correto afirmar:
   a) Trata-se do documento que procura estabelecer relações de igualdade entre a República inglesa e as colônias da Inglaterra.
   b) Trata-se do resultado estabelecido a partir da ideia que buscava limitar o campo de ação do Estado, principalmente discutindo o poder régio.
   c) Trata-se das aspirações do rei de Inglaterra em dedicar seu tempo ao domínio marítimo para conquistar toda a Europa.
   d) Trata-se do documento apoiado na Constituição Mexicana, que teve por mérito garantir os direitos dos indivíduos diante do Estado.

2. A Reforma Protestante foi um movimento de oposição às teorias e práticas da Igreja Romana, tendo um papel fundamental na elaboração dos direitos humanos. Assim, assinale a alternativa que melhor expõe o papel da Reforma na formulação dos direitos humanos:
   a) A importância da Reforma decorre do fato de fragilizar e implodir a ordem social estratificada em estamentos que impediam ao máximo a ascensão social.
   b) Entre as ações da Reforma, devemos destacar o auxílio que prestou ao poder do clero, pois, dessa forma, foi possível diminuir os abusos de poder cometidos pelo monarca.
   c) A contribuição da Reforma aos direitos humanos dá-se pelo fato de julgar lícitas as práticas da Igreja instituída, tal como a queima dos hereges em fogueiras, para reformar a fé.
   d) A principal contribuição da Reforma aos direitos humanos é mediadora, procurando guardar os interesses dos indivíduos e do papa, que representava os interesses reformistas.

3. Sobre a definição dos direitos humanos examinada neste capítulo, podemos afirmar:
   a) Quando um policial tortura um acusado para obter a confissão de um crime, ele se coloca contra a noção de direitos humanos, assim como quando a uma criança é negada a educação. Em ambas as situações, não se verifica a principal definição dos direitos humanos, segundo a qual: "não devemos fazer aos outros o que não queremos para nós". Isso nos torna humanos.
   b) Em toda a história, encontramos elementos que podem servir de base para definirmos os direitos humanos como direitos do cidadão diante do Estado. Esse é o principal modo de definir os direitos humanos.

c) A construção histórica dos direitos humanos, da qual o fruto é a Declaração Universal dos Direitos Humanos, de 1948, permite-nos entender os direitos humanos como um conjunto de pensamentos e teses que postulam sobre a condição de dignidade na vida humana.

d) Considerando-se que os direitos humanos existem desde sempre, pois desde o primeiro momento em que se verificou a existência humana na Terra os seres humanos são dignos de direitos, coube também, com o passar do tempo, apresentar-lhes o senso de dever, de modo que hoje não há mais dúvidas ao fazermos cumprir tais direitos.

4. Sobre o conceito de dignidade, no qual toda a ideia e a identidade dos direitos humanos estão apoiadas, é correto afirmar:

a) É uma noção valorativa que impossibilita valorar a pessoa humana, rivalizando com a valoração venal (preço) das coisas.

b) Diz respeito a uma ideia pós-moderna, a qual expressa um aparato legal que permite ao Estado garantir o privilégio dos interesses governamentais em detrimento dos direitos públicos.

c) Trata-se de uma prática que mantém a ordem das coisas, isto é, a sociedade permanece tal qual ela é. Nada é mais digno que seguir a tradição sem alterar os meios de vida.

d) É uma noção sem valor moral, ou seja, somente diz respeito a um conceito que nos permite uma maneira de dizer, mas nem por isso tem outro valor senão epistemológico.

5. Partindo do que vimos neste capítulo, podemos afirmar que uma ética cidadã depende fortemente de uma formação, uma educação preocupada e voltada para o exercício da cidadania. Com base nessa assertiva, assinale a alternativa que melhor expõe o ideal de indivíduo e de sujeito que se pretende formar com esse campo ético:

   a) Independentemente da cultura do sujeito, a educação é uma só. A ética cidadã procura educar o indivíduo para viver em qualquer sociedade, por isso ela pode desconsiderar o local e os costumes em meio aos quais o sujeito se constituiu como pessoa. Não precisamos saber nossos costumes e voltar a eles para perceber que precisamos melhorar como sujeitos e indivíduos humanos.

   b) Independentemente do indivíduo, todo sujeito humano merece ser cidadão. Isso significa estar na cidade, seja para resolver assuntos importantes, seja simplesmente para fazer um passeio. Assim, o sujeito exerce cidadania se a ética lhe fornecer os meios para frequentar a cidade.

   c) Dependendo do caso, pretende-se que o sujeito corrija sua postura individual e, sem questionamento, passe a agir como o todo espera que ele faça. Desse modo, o indivíduo pode ser despersonalizado e tornar-se um bom cidadão.

   d) Independentemente da natureza do sujeito, a formação da ética cidadã almeja educar para a vida em sociedade, procurando conduzir o indivíduo a ser um homem bom e promover o sujeito à condição de cidadão exemplar.

Atividades de aprendizagem

Questões para reflexão

1. Disserte sobre a correlação entre os direitos da primeira geração e as reivindicações expressas nos documentos que os representam.

2. Explique por que, mesmo se não alcançássemos a definição do conceito de dignidade, que é o cerne dos direitos humanos, ainda assim deveríamos promover a defesa desses direitos.

Atividade aplicada: prática

Faça uma visita ao *site* do Museu do Holocausto, no qual estão expostos diversos documentos e fotos relativos ao Holocausto e cuja proposta é a memória dessa afronta contra a humanidade durante a Segunda Grande Guerra. Com a premissa de que nunca seja esquecida a capacidade que o homem tem de tratar desumanamente seu semelhante, o museu virtual oferece a oportunidade de um *tour* e de análise de algumas obras do acervo. Também podem ser agendadas visitas pela comunidade e são ofertados cursos estendidos aos interessados.

MUSEU DO HOLOCAUSTO DE CURITIBA. Disponível em: <http://www.museudoholocausto.org.br/>. Acesso em: 21 ago. 2016.

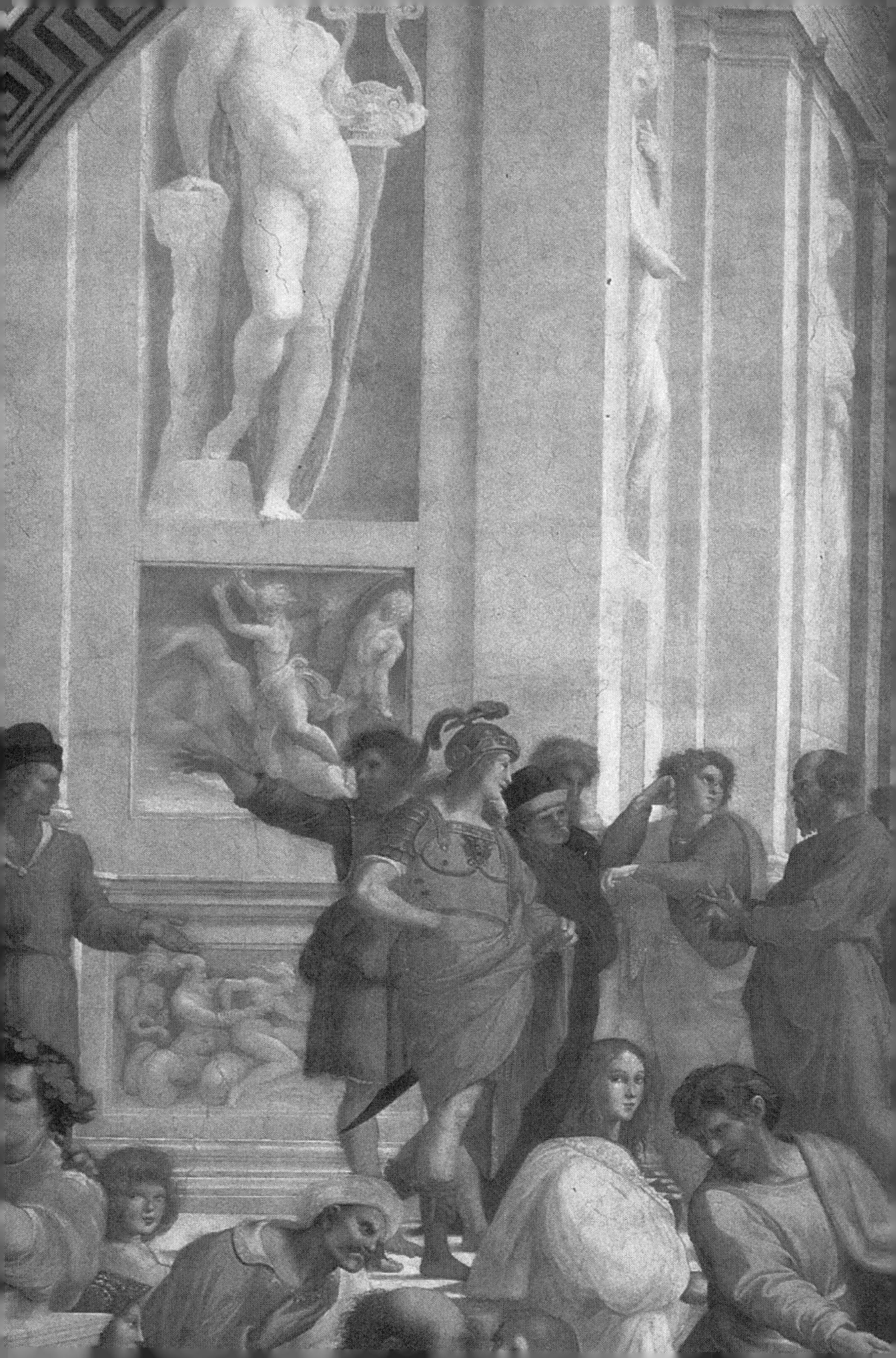

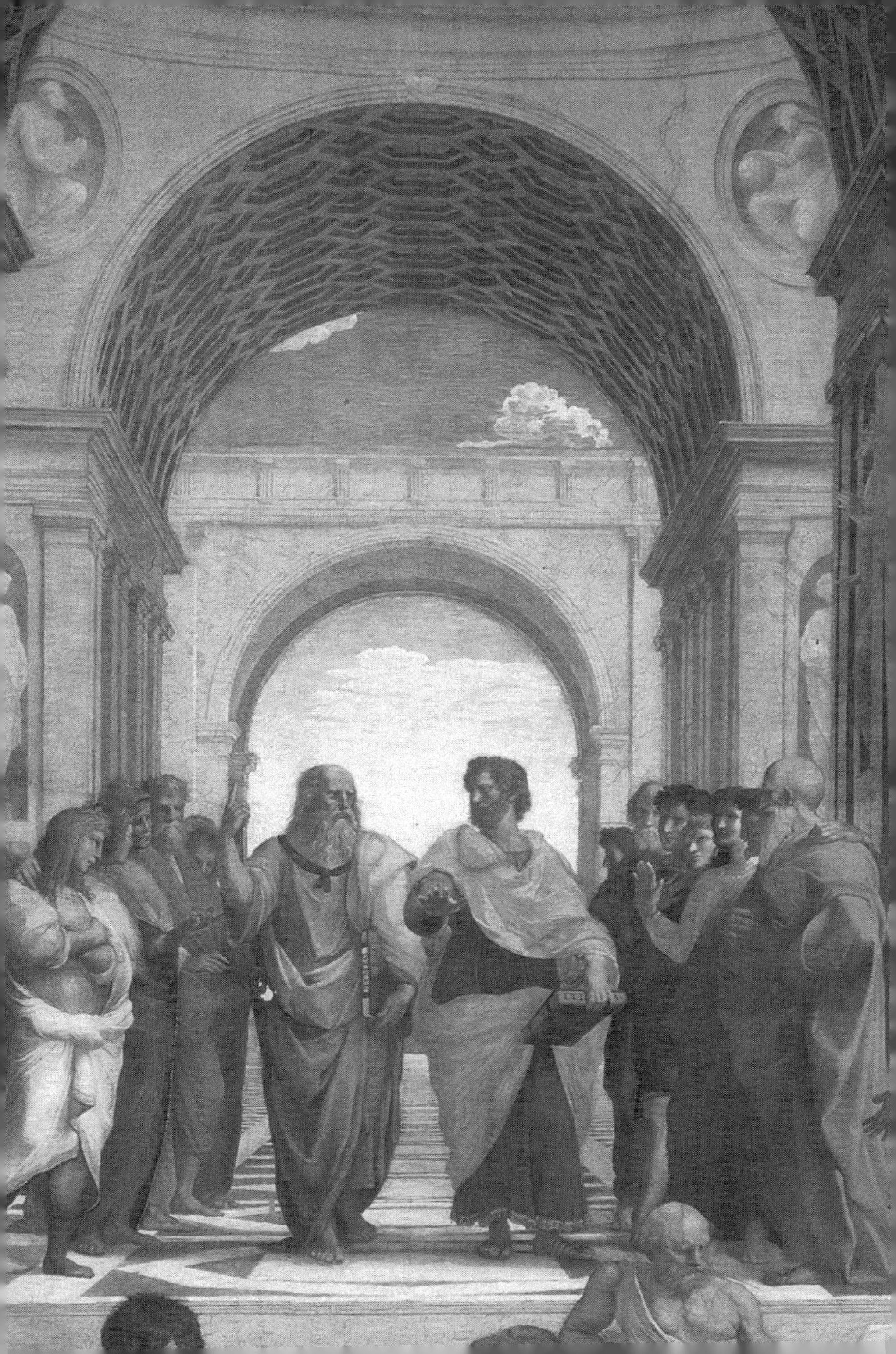

7

Bioética

Podemos observar na atualidade que a ciência e a tecnologia tornaram-se elementos indispensáveis para nós. Em virtude do desenvolvimento técnico em diversas áreas do conhecimento, surgem a todo instante novos meios de alcançarmos e promovermos mais conforto para nossa existência. Durante um período considerável de tempo, as inovações científicas e tecnológicas foram preocupações tratadas somente no âmbito da pesquisa, no espaço dos laboratórios e da produção. Todavia, em meados da década de 1920, a filosofia moral passou a questionar com mais afinco como a ciência e a tecnologia – com suas técnicas, processos e produtos – podem condicionar nossas ações e condutas. Surgiu, assim, uma nova ramificação da ética, denominada **ética aplicada** ou **bioética**.

Com a bioética, procuramos explicações referentes à pretensão da ciência e da tecnologia em se dizerem neutras em relação aos efeitos provocados pelos seus resultados. Por exemplo: Será que o conhecimento desenvolvido para o desenvolvimento da aviação como meio de transporte é benéfico a toda a humanidade ou envolve interesses particulares? A energia nuclear, que possibilita e garante condições de sobrevivência em lugares inóspitos para o homem, é de fato benéfica ou foi desenvolvida apenas como um meio para a criação de armas de destruição em massa? A decifração do genoma humano tem em vista obter conhecimento sobre doenças atualmente incuráveis ou é apenas um jeito mais eficiente de a espécie humana ser aperfeiçoada em laboratório com vistas a lucros exorbitantes?

Antes de você responder a essas questões ou se posicionar a respeito dessas discussões tão importantes, talvez seja pertinente destacar que todas as perguntas se fundamentam no campo da bioética justamente porque partem de resultados científicos e tecnológicos, produzidos pelas ações humanas, que dizem respeito ou se destinam à interação humana com o mundo, e, por isso, seria inevitável não questioná-los do ponto de vista de uma filosofia moral. Em outras palavras, fazer uma ética da vida, uma bioética, é próprio da cultura humana.

Diante disso, precisamos compreender que, na intenção de promover o debate entre essas diversas esferas gnosiológicas (tecnologia, ciência e filosofia moral), a bioética alterna suas discussões em três aspectos, os quais têm por finalidade:

1. a descrição e a análise dos impasses suscitados por aquelas esferas;
2. a normatização com vistas a prescrever a conduta dos agentes responsáveis em cada âmbito referente aos seus trabalhos;

3. a prevenção ou proteção, a qual tem o valor semântico intuicionante, ou seja, que busca resguardar os interesses de todas as esferas envolvidas na discussão (Schramm, 2002, p. 18).

A primeira vez que o termo *bioética* apareceu na literatura acadêmica e científica foi no trabalho de Fritz Jahr, publicado em 1927. Ele chamava a atenção para "a emergência de obrigações éticas não apenas com o homem, mas a todos os seres vivos"* (Jahr, citado por Goldim, 2004). Outros autores também utilizaram o termo em suas obras para designar uma parte específica da ética. Grande contribuição para a história do termo foi dada pelo doutor em Bioquímica e professor na Universidade de Wisconsin Van Rensselaer Potter, em seu artigo *Bioethics, Science of Survival*, que foi adaptado e publicado como o Capítulo I do livro *Bioethics: Bridge to the Future*, em 1971. No artigo, o pesquisador juntou as palavras gregas *bios* e *ethike* e, com essa junção, designou a bioética como a ponte entre a ciência e as humanidades, preconizando que o termo representava uma forma de sabedoria humana baseada no conhecimento biológico em consonância com os valores humanos. Em 1988, Potter demonstrou que o termo *bioética* faria referência à combinação da biologia com os mais variados conhecimentos humanos, denominando uma ciência que procura estabelecer um tipo de vida aceitável em torno de uma bioética global. Em 1998, em uma palestra proferida em Tóquio, no Japão, por ocasião do IV Congresso Mundial

---

* Segundo Goldim (2004), "Até o presente momento, esta pode ser considerada a primeira utilização do termo Bioética em algum texto conhecido. O autor utilizava a palavra Bio=Ethik, com esta grafia, por peculiaridades da língua alemã. Esta citação foi feita pela Profa. Eve-Marie Engel, da Universidade de Tübingen, Alemanha [...]. O responsável pela descoberta deste artigo foi o Prof. Rolf Löther, da Universidade Humbolt/Alemanha. Ele apresentou esta informação em uma palestra proferida em 1997. Esta citação foi feita em Engel EM. O desafio das biotécnicas para a ética e a antropologia. Veritas 2004;50(2):205-228".

de Bioética, Potter adicionou mais um elemento à sua concepção de bioética, enfatizando-a como uma nova ciência ética que busca potencializar o senso de humanidade. Outros autores foram fundamentais não somente para que o termo *bioética* ganhasse espaço no cenário das pesquisas, acadêmicas ou não, mas também para que a sociedade atual se preocupasse com a atuação dessa área da ética que se mostra na atualidade como indispensável para as relações dos homens com o meio ambiente, as tecnologias e os diversos segmentos da realidade social.

Em suma, a bioética pode ser entendida como um tipo especial de ética, não apenas voltada para as relações dos seres humanos entre si, mas também aplicada aos problemas surgidos no século XX que envolvem a tecnologia, a ciência e tudo o que ameaça a vida, animal ou vegetal, considerando que toda a biosfera deve ser alvo de um olhar atento da ética.

Outro fator importante que merece nosso destaque acerca desse tipo específico de ética é que se trata de uma área de conhecimentos multidisciplinares que envolve estudiosos não somente da filosofia moral, mas, igualmente, do direito, da medicina, das ciências biológicas e também das mais variadas religiões, que se apresentam nas sociedades como as guardiãs da moral e que não querem ver seus princípios religiosos violados em nome de nenhuma ciência. Essas áreas da sabedoria humana se propõem a dialogar acerca dos mais variados conflitos sociais, procurando identificar (ou produzir) alguns consensos em relação a temas como o início e o fim da vida humana; o que seria uma boa morte (ou morte digna de um ser humano); os deveres que temos para com as futuras gerações; o impacto que a tecnologia traz para o meio ambiente e para os seres vivos como um todo; até que ponto a ciência tem autoridade para manipular geneticamente alimentos e/ou genes humanos.

Diante disso, neste capítulo nos propomos a investigar essa ética da vida em seus mais variados campos de atuação. Como não se trata de uma temática simples, pois envolve diversos campos específicos de extensas áreas do conhecimento humano, resolvemos abordar alguns dos interesses mais debatidos nos estudos de bioética. Assim, acreditamos poder ofertar uma concentração maior de detalhes para discussão e embate, fomentados por uma calorosa efervescência de ideias que surge com a filosofia moral ao colocar em xeque os postulados científicos e tecnológicos.

E por onde começar a discussão? Essa não é uma pergunta simples, todavia, independentemente da ordem dos temas debatidos, no âmbito de cada assunto, descreveremos os pressupostos éticos que estão inseridos no debate, sabendo que, em alguns casos, os princípios morais em conflito são os mesmos, porém com aplicações de recursos, procedimentos e reflexões no campo ético específico.

Feita essa justificativa, iniciaremos nossa discussão sobre os campos de atuação da bioética com o **aborto**, por meio da discussão sobre o momento que determina quando a vida começa, para que se saiba se foi ou pode ser interrompida. Em um segundo momento, voltaremos nossa atenção para outros campos de atuação da bioética que estão direta ou indiretamente ligados ao tema da vida humana, seja em seu início, como é o caso citado do aborto, seja em outros estágios, como a **clonagem**, entendendo-a como técnica e possibilidade de aplicação de recursos científicos em humanos com vistas a uma série de interesses no campo da medicina, e as pesquisas com **células-tronco**, desde sua produção até sua destinação, seja em seu fim, analisando os argumentos prós e contra o processo denominado pela bioética de *eutanásia*, especialmente em relação ao que de fato caracteriza o momento da morte ou o que caracteriza uma boa morte (morte digna). Por fim, vamos ater nossa investigação ao tema da fertilização *in vitro* e à possibilidade de criação humana em laboratório, por meio do domínio das técnicas da inseminação artificial e da criogenização.

Esperamos que a forma de organização deste capítulo possa ajudar você, caro leitor, a compreender melhor esse tema tão complexo e ao mesmo tempo tão necessário de ser conhecido por todos em nossa sociedade.

7.1
Bioética e aborto

Nesta seção, trataremos de alguns dos campos de atuação da bioética que estão ligados por um questionamento comum: o início da vida humana. Muitas são as formas de compreensão desse tema, mas nenhuma delas consegue ser unânime na defesa de seus argumentos, pois, como veremos, o assunto realmente é complexo. Trata-se de um elemento comum a diversas áreas em que a bioética trabalha e estreitamente relacionado ao tema do aborto, o qual implica questões que estão no cerne do conflito envolvido na utilização da técnica de clonagem de seres humanos e no desenvolvimento de pesquisas com células-tronco (mais especificamente as embrionárias), assunto que abordaremos mais adiante.

Você deve saber que o Código Penal brasileiro (Brasil, 1940) prevê a legalidade do aborto somente para casos específicos: quando a mulher corre risco de vida durante a gestação; quando a gestante foi vítima de violência sexual; e, por fim, quando é comprovado que o bebê é anencefálico*. Em todos os demais casos, praticar aborto é crime.

---

* Conforme o art. 128 do Decreto Lei n. 2.848, de 7 de dezembro de 1940 (Brasil, 1940), alterado pela Arguição de Descumprimento de Preceito Fundamental n. 54, de 17 de junho de 2004 (ADPF-54) (Brasil, 2004).

Todavia, como sabemos que a ética extrapola o campo da legalidade, nesse caso, interessa-nos questionar sobre algumas ideias básicas. Primeiramente, o que caracteriza um aborto? Ora, para podermos oferecer uma resposta coerente a essa questão, precisamos nos perguntar quando realmente começa a vida humana. Devemos nos questionar, ainda, se o aborto pode ser considerado, além de uma prática médica, também uma ação ética, dependendo do caso.

Antes de qualquer coisa, é importante determinar os envolvidos nessa discussão sobre o aborto, a saber, a mulher que gesta ou pretende gestar, o possível pai, aquele que está sendo gerado e a sociedade. Esta última é principalmente representada pela equipe de médicos, os quais, em grande parte, por questões sanitárias, aprovam o aborto sob certas condições. Somando-se a esse tipo de entendimento, também os movimentos feministas costumam defender a prática abortiva ressaltando o argumento de que a mulher deve poder decidir sobre o próprio corpo. Na contramão de ambos, isto é, rivalizando com os argumentos pró-aborto, temos a concepção de movimentos religiosos que acreditam que a vida é sagrada e, portanto, sob nenhuma condição pode ser violada.

Ora, muitos certamente já presenciaram uma discussão sobre esse assunto ou mesmo participaram de uma experiência como essa. Então, o que pensar sobre isso? Precisamos esclarecer os argumentos sobre a questão e, para isso, devemos trazer a razoabilidade para a discussão, o que nem sempre é fácil.

Do ponto de vista da bioética, nós temos um ponto de convergência das questões em torno do tema do aborto e que serve de base para os argumentos favoráveis ou contrários. Comparato (2006, p. 475-476) estabelece o problema de maneira clara e sucinta:

O postulado religioso, de que o ser humano foi criado por Deus à sua imagem e semelhança, e é dotado de uma alma imortal distinta do corpo, é digno do maior respeito, mas deve ser considerado, tão só, como objeto de fé. Ele não pode ser usado como argumento universal, sujeito ao critério único da razão. O ser humano só começa a existir, como ente biologicamente distinto do organismo de sua matriz, a partir do nascimento com vida. Antes disso, ele é um projeto de ser humano. Nem por isso, todavia, carece o embrião humano da dignidade inerente a essa condição. Ela não é uma coisa, mas, para todos os efeitos, dever ser tido como uma pessoa em potencial, e, portanto, titular de direitos fundamentais, a começar pelo direito ao nascimento.

Posto o problema, de maneira precisa, por Comparato, precisamos ter em mente ainda que toda e qualquer tentativa de impedir a gestação de um feto, ou seja, de praticar o aborto, não pode ser compreendida como um ato banal e/ou neutro do ponto de vista da ética, mas, ao contrário, é um ato passível de ser condenado do ponto de vista da moral e criminal, devendo ser evitado sempre que possível. Mesmo assim, do ponto de vista legislativo, isso não significa que o ato deva ser sempre caracterizado como um ato criminoso, uma vez que a criminalização de modo sistemático tem gerado, no mundo todo, um aumento do número de clínicas clandestinas que praticam o aborto da pior maneira possível, causando uma série de problemas para a saúde pública (Comparato, 2006, p. 477). Uma reflexão ética voltada para a vida (uma bioética), neste contexto específico, é necessária para entendermos que existem casos extremos de ambos os lados, seja na criminalização do aborto, seja na legalização dele. Como exemplo disso, o próprio Comparato (2006, p. 477) observa que, nos casos em que o feto é fruto de abuso sexual, deve-se não somente levar em conta o valor da vida que pode estar sendo interrompida durante a gestação, mas também analisar "o brutal constrangimento da mulher estuprada, capaz de inibir todo o seu instinto maternal, bem como a situação de excepcional humilhação em que irá viver o fruto dessa gravidez criminosa". Podemos perceber que às vezes os valores humanos entram em conflito e exigem de nós uma análise bioética, em que é preciso discutir qual é a melhor atitude. De modo semelhante, podemos observar esses conflitos de valores morais nas situações em que a gestação de um feto apresenta riscos de morte para a mãe. Nesse caso, instaura-se o que chamamos de *estado de necessidade* e a prática ou não de aborto leva, em todos os casos, à perda de uma vida humana (ou da genitora ou do feto que está sendo gerido).

Justamente por isso é que, independentemente da vontade daqueles que estão envolvidos no caso, processos que envolvem o aborto devem sempre ser acompanhados da autoridade judiciária local, pois, desse modo, organiza-se um espaço de debate em que se procura analisar qual é a melhor atitude.

Esses casos complexos servem de base para pensarmos de maneira mais atenta nos argumentos que os grupos favoráveis ou contrários ao aborto utilizam em seus discursos.

Se consideramos o argumento pró-aborto *lato sensu*, entendemos que a vida pode ser interrompida, desde que isso seja feito antes do nascimento, ou até certo momento da gestação, tomando como critério a intenção de não causar maiores complicações para a mãe ou evitar a possibilidade de formação do sistema nervoso do feto, o que faria com que ele não pudesse sentir dor. Por outro lado, se aceitamos a concepção religiosa, que é contra o aborto, estamos atrelados, em geral, ao argumento de que a vida existe desde a concepção, constituindo-se em uma dádiva; assim, qualquer tentativa de impedi-la seria o mesmo que um crime de assassinato, pois, independentemente do tempo decorrente de gestação, uma vida teria sido subtraída.

A bioética levanta esse questionamento, que a nosso ver é de importância vital. Embora tenhamos exposto de modo panorâmico os argumentos envolvidos nesse debate, acreditamos que a pergunta central que a bioética traria para indagar ambos os lados do conflito seria: Temos condições suficientes para dizer o momento exato em que começa a vida? Se sim, então há uma avalanche de questões que se seguem, a saber: Como decidir sobre a vida de quem quer que seja? É justo fazer nascer alguém que é fruto de um crime? É correto apelar para a interrupção da gestação como forma de resolver essa situação? Todas essas indagações são lícitas do ponto de vista bioético, ou seja, não se trata de punir moral ou legalmente, mas de investigar os meios e as práticas (nesse caso, da medicina) concernentes ao aborto, a fim de que possamos decidir em sociedade a questão, que diz respeito diretamente a todos, pois se trata de conceder ou não a possibilidade de outros humanos existirem.

Um autor polêmico e que nos ajuda a refletir sobre alguns contrapontos vigentes nos diversos padrões morais da atualidade é Peter Singer. Em sua obra *Ética prática* (1994), ele analisa a questão do aborto e destaca a hipótese de que os fetos não têm consciência de si, sendo que essa é a característica fundamental que confere dignidade aos seres humanos: os fetos e os recém-nascidos não apresentam os pré-requisitos necessários para serem considerados pessoas humanas. Essa ideia se apoia, por sua vez, em alguns pressupostos filosóficos: os critérios que definem os seres humanos seriam, além da consciência de si, a consciência dos outros (capacidade de reconhecer os outros) e a capacidade de utilizar uma linguagem e, assim, conseguir expressar suas vontades. Essa forma de analisar o caráter humano dos homens levou os cientistas a se perguntarem sobre em que momento realmente começa a vida humana e a partir de que ponto exatamente a interrupção de uma gestação seria, de fato, considerada aborto.

Como resultado da busca por respostas a questões como essa sobre o *status* do embrião, se ele pode ser considerado um ser humano ou não, algumas ideias e hipóteses surgiram, por exemplo: o argumento de que um embrião só pode ser reconhecido como ser humano a partir do momento em que passa a ter uma aparência humana (nesse caso, até que essa aparência tenha sido formada, a interrupção da gestação do embrião não caracterizaria um aborto passível de condenação moral e/ou legal); o argumento de que o embrião só alcançaria a dignidade de ser humano a partir do momento em que seu sistema nervoso começasse a ser formado e, consequentemente, começasse a apresentar alguns movimentos involuntários (o sistema nervoso começa a ser formado aproximadamente no segundo mês de gestação); outros ainda defendem que o feto adquire o *status* de humano quando apresenta a possibilidade de sentir dor; outros entendem que esse *status* é adquirido somente quando o feto consegue respirar por si próprio; e há também aqueles segundo os quais o ser humano só pode ser visto como tal a partir do momento em que nasce.

Essas hipóteses nos levam a compreender que um estudo desse tipo é extremamente complexo e que as definições legislativas que os diversos agrupamentos humanos propõem são fruto de intensos debates (ao menos deveria ser assim) e devem estar embasados nos interesses de todos.

7.2
Bioética: início e fim da vida humana (clonagem, pesquisas com células-tronco e eutanásia)

Tendo como base as reflexões apresentadas sobre o aborto, podemos afirmar que não é simples definir quando começa uma vida humana, mas a tecnologia, independentemente de princípios e valores morais que determinam a dignidade dos homens, cria técnicas e procedimentos que complicam ainda mais essas discussões, como é o caso da clonagem e da pesquisa com células-tronco. Esse assunto é tão importante e de tão difícil compreensão que mereceria um estudo muito mais especializado e aprofundado, que não caberia neste livro introdutório (precisaríamos de um livro só para o tema). Todavia, não podemos nos furtar de expor os prós e os contras da tecnologia e, de modo especial, contextualizar os conflitos éticos que giram em torno desses assuntos.

A **clonagem** é considerada uma prática de reprodução que utiliza células chamadas de *somáticas*, ou seja, responsáveis pela formação de diversos órgãos, ossos e tecidos. A palavra *clone* é utilizada para identificar indivíduos que possuem o mesmo patrimônio genético (são geneticamente iguais). Antes de adentrarmos nas questões polêmicas que a clonagem suscita do ponto de vista da moral, prestemos atenção à seguinte definição:

> *A clonagem é uma forma de reprodução assexuada que existe naturalmente em organismos unicelulares e em plantas. Este processo reprodutivo se baseia apenas em um único patrimônio genético. Nos animais ocorre naturalmente quando surgem gêmeos univitelinos. Neste caso ambos novos indivíduos gerados tem [sic] o mesmo patrimônio genético. A geração de um novo animal a partir de um outro pré-existente ocorre apenas artificialmente em laboratório. Os indivíduos resultantes deste processo terão as mesmas características genéticas cromossômicas do indivíduo doador, ou também denominado de original.* (Goldim, 2003)

Essa definição ajuda a entendermos o ponto de vista biológico da clonagem e também seu aspecto artificial. Essa forma de compreender o tema é importante para nos fazer questionar alguns dos preconceitos que envolvem o assunto. No que tange à clonagem realizada em laboratório, vemos que ela pode ser feita com duas finalidades específicas: fins terapêuticos ou fins reprodutivos.

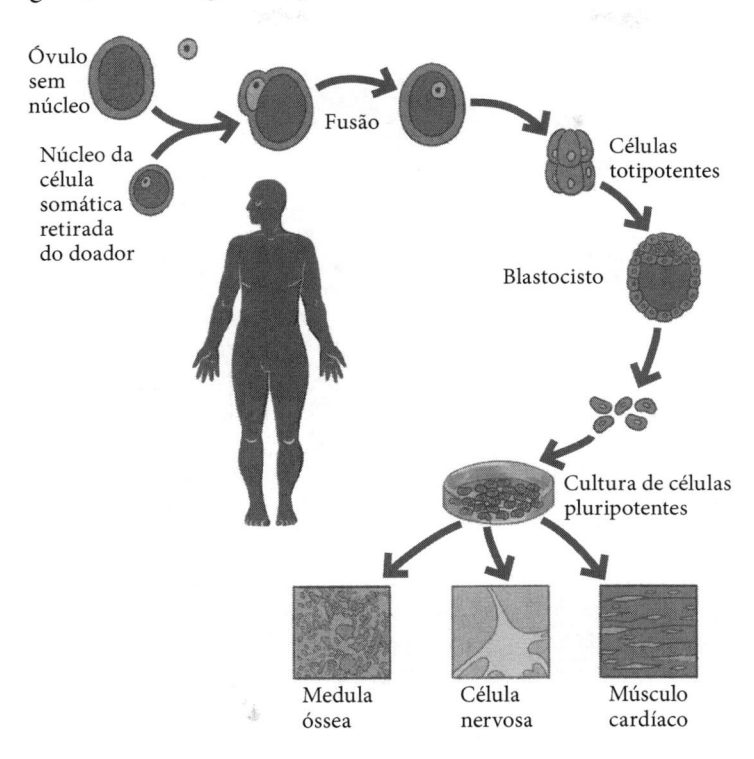

Figura 7.1 – Clonagem terapêutica

Figura 7.2 – Clonagem reprodutiva

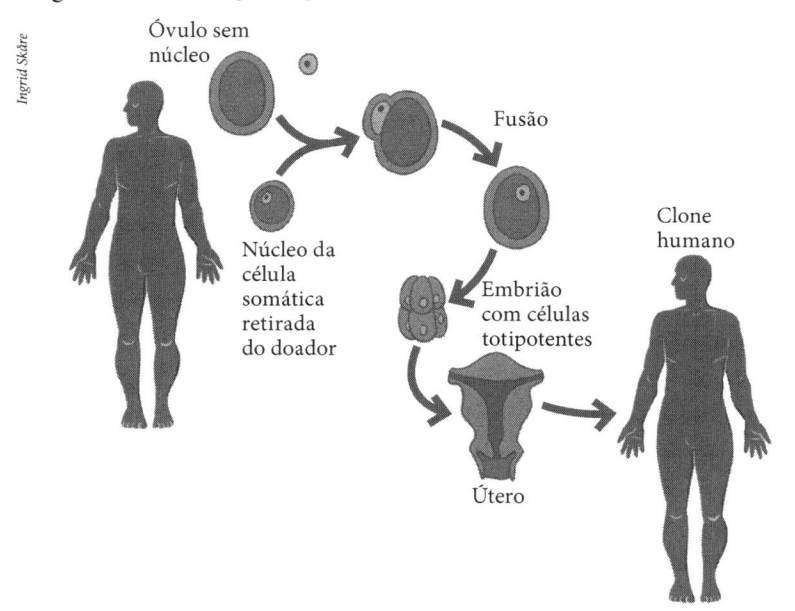

Óvulo sem núcleo

Fusão

Núcleo da célula somática retirada do doador

Embrião com células totipotentes

Clone humano

Útero

No que concerne à **clonagem terapêutica**, vemos que, se não houver a criação de um embrião e sua consequente destruição, não há problemas éticos, pois se trata de um procedimento que, na opinião dos ativistas contra o aborto, não fere a dignidade de um projeto de vida, não caracteriza um aborto. Por outro lado, se a prática pressupõe a destruição de um óvulo fecundado, de um embrião, certamente entramos no terreno que a bioética procura questionar, analisando se tal atitude é lícita do ponto de vista criminal e ético ou não. Em relação à **clonagem reprodutiva**, a Organização das Nações Unidas para a Educação, a Ciência e a Cultura (Unesco), com a adoção, em 1997, da sua *Declaração Universal sobre o Genoma Humano e os Direitos Humanos*, apresentou um parecer desfavorável à prática, afirmando que ela fere a dignidade humana, pois pode servir a fins de uma eugenia racista. É de conhecimento de todos que a primeira tentativa divulgada de se fazer um clone foi com a ovelha Dolly. Deixaremos essas curiosidades para você, leitor, pesquisar e se aprofundar um pouco mais em seus estudos pessoais. Por ora, cabe analisarmos quais são as implicações éticas que giram em torno das pesquisas com células-tronco, também ligadas a questões como o início da vida humana, os embriões e a caracterização e configuração do que se entende nesses casos como aborto ou não.

No que diz respeito às **pesquisas com células-tronco**, há algumas particularidades que precisamos esboçar aqui. Podemos definir essas células como aquelas que têm a capacidade de se transformar em qualquer outra célula do corpo, regenerando tecidos e até mesmo órgãos.

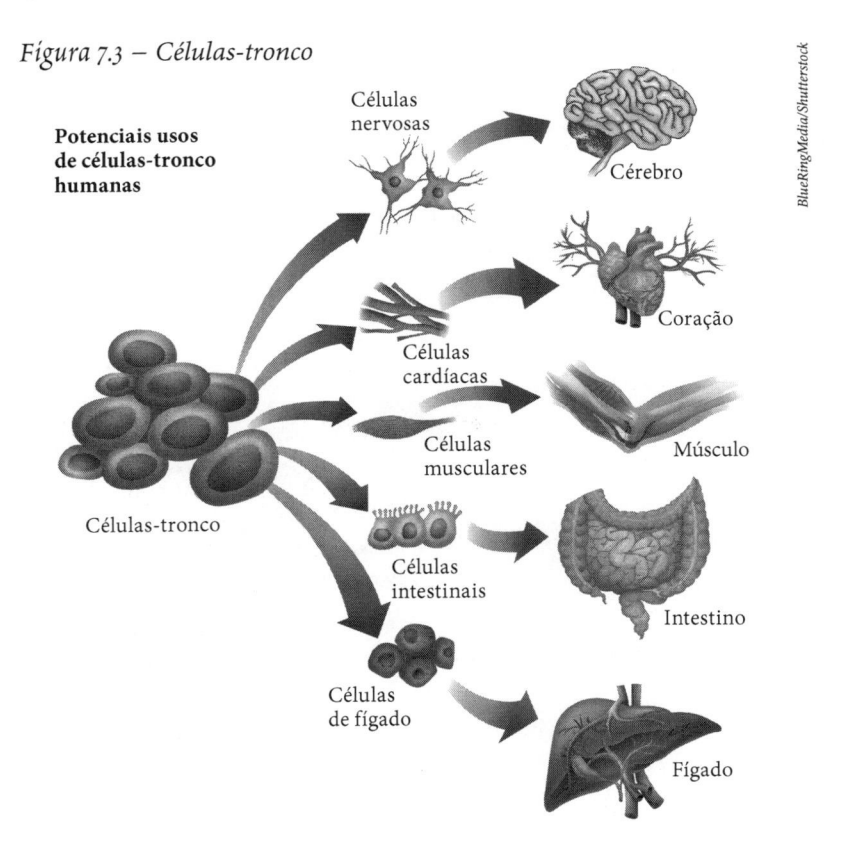

Figura 7.3 – Células-tronco

As células-tronco podem ser classificadas em totipotentes, pluripontes (ou multipotentes), oligotentes e onipotentes. Essa classificação indica a capacidade das células de se diferenciarem e se transformarem em tecidos e órgãos do corpo de maneira integral ou parcial. Além dessa classificação, podemos falar também em **células-tronco embrionárias** (aquelas que formam o interior do chamado *blastocisto*) e **células-tronco adultas** (encontradas em diversas partes do corpo adulto e que cumprem a função de reparar tecidos que foram danificados). As figuras a seguir ilustram células-tronco pluripotentes, adquiridas de um embrião na fase do blastocisto, e, logo na sequência, células-tronco em sua fase adulta.

Figura 7.4 – Células pluripotentes de blastocito (5-14 dias)

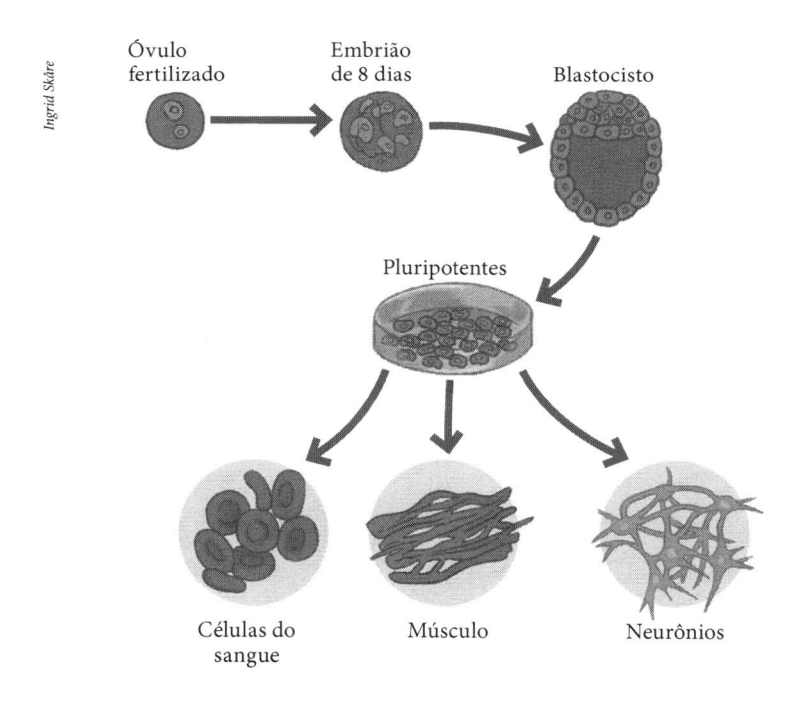

Figura 7.5 – Células-tronco adultas

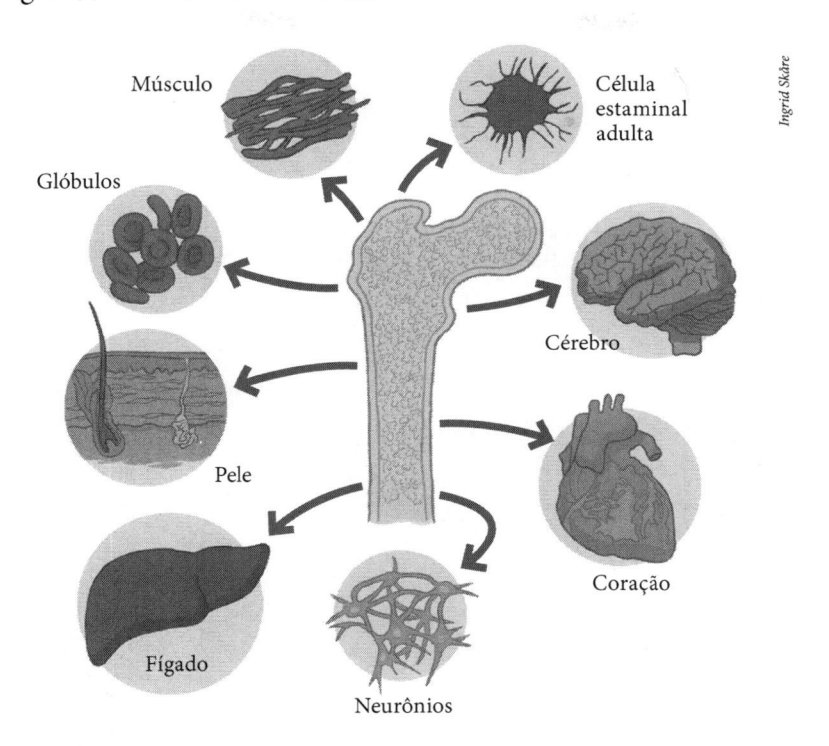

Músculo
Célula estaminal adulta
Glóbulos
Cérebro
Pele
Coração
Fígado
Neurônios

Vemos que, na atualidade, as pesquisas com células-tronco embrionárias são as que mais provocam conflitos de ordem moral e ética justamente porque nelas ocorre a destruição do embrião. Vários são os estudos e os debates sobre essas pesquisas, seja no campo técnico-científico, seja no campo da filosofia moral. Em todo caso, o que está na base dos conflitos é o mesmo problema da clonagem e também do aborto: a dignidade da pessoa humana.

A dignidade da pessoa humana também está em pauta quando o assunto é o fim da vida. A tecnologia, da mesma forma que cria procedimentos e técnicas que podem ser utilizados desde antes do nascimento de um ser humano, também cria aparelhos que podem ser utilizados para adiar o fim da vida. Você com certeza já ouviu falar, sobre por meio da mídia, de cirurgias com o uso de *lasers* e o auxílio de tecnologia robótica para salvar vidas. Em outros tempos, essas tecnologias nem mesmo poderiam ser pensadas, quanto mais realizadas. No entanto, será que todos os procedimentos médicos capazes de prolongar a vida são entendidos como a melhor ação possível? Isto é, será que, em alguns casos, o procedimento médico, apesar de manter a vida, não poderia ser entendido como uma ação pior do que deixar morrer? (Singer, 1994, p. 34). Ora, é nesse campo de questionamento ético que o processo conhecido como *eutanásia* ganha a atenção da bioética.

Eutanásia significa, em seu sentido etimológico, *boa morte* (*eu* + *thanatos*). Embora possamos identificar diversos tipos de procedimentos conhecidos como *eutanásia*, podemos afirmar, de modo geral, que ela é um artifício no qual a vida do paciente é abreviada, pelo motivo de ele se encontrar acometido por uma doença incurável e em estágio terminal (Felix et al., 2013, p. 2733). Desse modo, procura-se, com a eutanásia, evitar ao máximo o sofrimento do paciente. Seja pelo desconforto da dor que não se pode fazer cessar, seja por uma sobrevida aquém da condição da dignidade humana, podemos averiguar essa prática em seu sentido passivo ou ativo: quando se resolve deixar o paciente em estado terminal padecer de forma natural, trata-se de uma prática de **eutanásia passiva**; quando se utiliza uma última medicação que, mesmo indolor (em virtude da alta concentração de sedativo), termina por levar o paciente a óbito, trata-se de **eutanásia ativa**.

Além das características tipológicas da eutanásia (ativa e passiva), podemos ainda classificar a ação de outras maneiras. Se nos balizarmos na argumentação de Singer (1994), devemos classificar a eutanásia ao menos em três diferentes tipos, dependendo do procedimentos: voluntária, involuntária e não voluntária.

A eutanásia **voluntária** diz respeito a acatar o desejo do paciente que pede que alguém o auxilie na abreviação de sua vida – não se difere, portanto, do suicídio assistido. Na eutanásia **involuntária**, o paciente não dá seu consentimento expresso, porque não convém perguntar-lhe (por exemplo, nos casos em que o paciente está em coma ou ainda por conta de uma doença que o impede de comunicar sua vontade), porém, se lhe fosse feita a questão, ele consentiria – é sobre esse tipo de eutanásia que repousa grande parte do dilema moral desse modo de agir. Por fim, há a eutanásia **não voluntária**, na qual o paciente, pelo seu estado ou condição, não tem possibilidade de consentir ou não com o encerramento da vida. São os casos de morte cerebral ou de bebês que não desenvolvem habilidade de entendimento (Singer, 1994, p. 37, 42, 56).

Sobre esse universo de difícil diálogo, por se tratar de um aspecto ligado ao caráter extremamente emocional da vida, ou melhor, do fim da vida, a bioética se apresenta como um campo de investigação de primeira ordem, pois, ao nos dedicarmos à reflexão moral sobre os atos que são capazes de encerrar uma vida, sob muitos aspectos, estamos a debater sobre os valores que norteiam o conceito de ser vivo na especificidade da dignidade da vida humana.

Não se trata somente de discutir os direitos ou os desejos do paciente, pois no campo deliberativo estão os interesses de muitos, a saber, aqueles que cuidam da família, a equipe profissional médica envolvida e o governo, pelos gastos públicos necessários para manter hospitais, medicamentos e outros recursos materiais para a manutenção da vida das pessoas que estão nos leitos de hospitais (Felix et al., 2013, p. 2734). É difícil definir qual é a melhor solução possível nos casos em que a eutanásia está envolvida: decidir em favor da continuidade da vida a qualquer custo, o que pode trazer muito mais sofrimento e até mesmo uma vida sem dignidade, além dos custos que nem sempre o governo ou as famílias podem bancar, ou decidir pelo encurtamento ou abreviação da vida, encerrando o desconforto da melhor forma possível, sem ferir a dignidade humana, mas, ao contrário, dando ao paciente condições de ter uma "boa morte".

Todavia, essa difícil decisão, provocada pelo dilema moral sobre como propiciar as condições ideias para a morte humana, não deveria nos eximir do debate bioético, mas, ao contrário, deveria nos incitar a provocá-lo, de modo a cada vez mais nos abastecermos de argumentos para que encontremos, ao menos no âmbito da racionalidade, algum conforto com nossas decisões morais.

Uma vez analisados (ainda que de maneira introdutória) esses problemas bioéticos que envolvem a prática do aborto, da clonagem, das pesquisas com células-tronco e da eutanásia, vamos perceber que tais problemas de cunho bioético também ocorrem nas práticas de inseminação artificial, criogenização e fertilização *in vitro*, assunto de que trataremos na próxima seção.

7.3
Bioética: inseminação artificial, criogenização e fertilização in vitro

Você provavelmente já deve ter presenciado alguma história de casais que têm dificuldades de conceber filhos de maneira tradicional, isto é, casos em que a esposa não consegue engravidar por meio do ato sexual. Diante dessa situação, observou-se que as causas que impedem a concepção e a gestação de uma nova vida na forma tradicional de reprodução são muito mais de ordem psicossomática – em razão de fatores ligados às indisposições psicológicas do indivíduo (ansiedade, estresse etc.) – do que de ordem propriamente fisiológica.

No entanto, para outra gama considerável de casos, devemos entender que há, sim, o impedimento fisiológico dos indivíduos. Alguns desses impedimentos podem ocorrer no homem, quando há pouca ou nenhuma produção de esperma ou alguma disfunção erétil, castração etc., ou na mulher, pela não ocorrência da ovulação, pela impossibilidade de reter o óvulo no útero, entre outras causas. Há ainda, por parte de ambos, o fator RH negativo*.

Nesses casos, a medicina tem procurado desenvolver técnicas que permitam aos indivíduos realizar seus anseios de serem pais biológicos. Um dos procedimentos criados é uma técnica artificial de concepção conhecida como **inseminação artificial**. Para a surpresa de muitos, essa é uma técnica iniciada no século XVIII, mais especificamente em 1782, pelo padre Lazzaro Spallanzani, que utilizava esse meio para fecundar cadelas. Ao que tudo indica, somente no início do século XIX a técnica passou a ser utilizada na espécie humana. Todavia, as experiências com mulheres dependiam de esperma fresco e da rápida transferência deste, precisando contar ainda com a sincronia do período ovular (ciclo menstrual) da paciente.

Mesmo tendo obtido sucesso, alguns casos tiveram ainda o enfrentamento de grupos éticos e religiosos, uma vez que estes não viam com bons olhos a interferência de mãos alheias na concepção do filho de um casal. Em outras palavras, a moralização e a religião da época entendiam que, se por algum motivo os respectivos indivíduos não conseguiam gerar uma criança de maneira natural (sem recorrer a procedimentos artificiais), então era porque não tinham capacidade para

---

* O fator RH é um antígeno presente no sangue de parte da população. Quando a mulher é portadora de fator RH negativo, pode apresentar incompatibilidade com o sangue do filho, no caso de este apresentar RH positivo, prejudicando a formação das hemácias no feto e, em alguns casos, leva-lo à morte.

tanto – moralmente falando, era melhor que não tivessem, do contrário, a natureza lhes teria dado tal capacidade.

De modo similar, no tocante ao entendimento religioso sobre o tema, reprovavam-se tais artifícios, alegando-se, frequentemente, que era a vontade de Deus que tais casais não concebessem uma prole – fosse porque eram tão maus que não poderiam formar alguém para o bem, fosse porque eram tão bons que Deus os teria destinado a auxiliar na formação dos filhos dos outros.

Com o advento da **criogenização**, apareceu, nos anos de 1950, a técnica na qual o esperma é congelado, permitindo, assim, a possibilidade de superação do obstáculo causado pela incerteza do período fértil feminino. Contudo, somente duas décadas mais tarde a inseminação artificial se tornou habitual como processo usado nesse tipo de caso. Com um afrouxamento da moral que vimos anteriormente, esse procedimento ganhou espaço na sociedade, sobretudo após a revolução de 1968 e a busca de direitos pelas feministas.

Assim, novas pesquisas no ramo foram encaminhadas e houve o avanço de mais meios que socorressem a necessidade humana de gerar uma prole. Conforme um dizer muito comum na comunidade científica, "a natureza não dá saltos"; ao que tudo indica, a ciência também não. O conhecimento científico é fruto de pesquisa que o cientista elabora a partir de certo ponto em que seu antecessor não conseguiu sucesso. Foi assim que a técnica da **fertilização *in vitro***, popularmente chamada de "bebê de proveta", veio em socorro daqueles casos nos quais a mãe não consegue desenvolver todos os estágios da gestação e, ainda mais, quando a própria dona do óvulo não apresenta condições para manter um embrião que lhe seja implantado no útero. Então, para esses casos, necessita-se de outro útero para o processo gestacional, de modo que outra mulher possa gestar o embrião.

Isso posto, vemos novamente se instalar o enfrentamento moral de vários grupos da sociedade civil e religiosa. O conflito se instaura pelo fato de aqueles que são contrários à técnica entenderem que a criança perde a referência por não saber quem seria sua mãe ou, o que seria pior (segundo os moralistas), que, se a mulher decidir ter a criança por meio de um banco de esperma*, está crescerá sem um pai. Essas são algumas entre tantas outras preocupações moralistas facilmente rebatidas, se não se concorda com elas. Trata-se de argumentações que em nada e de nenhum modo trazem preocupação genuína com a ética, que se remetem somente a preconceitos (sociais ou religiosos) que vão ao encontro de interesses de alguns grupos ou de interesses privados, sendo que, muitas vezes, as pessoas nem sabem, de fato, o que estão defendendo.

Ao contrário, no caso da utilização da fertilização *in vitro* como meio de desenvolvimento de indivíduos considerados "tipos perfeitos" de seres humanos, é possível questionar a validade ética da técnica. Como você deve saber, hoje, é possível ir a um banco de esperma e escolher com razoável probabilidade de certeza o biótipo** da criança que vai nascer. Nesse caso, sim, cabe uma questão ética, ou seja, que ultrapassa a moral, e não se destina a ser solucionada facilmente, a saber: É justo tentar predeterminar o tipo de indivíduo que virá ao mundo? Se sim, com quem é justo? Se não, por que não é correto? A bioética auxilia a explorar tais questões, mas ainda não as resolve.

---

* Local onde os doadores (homens) podem colher material e disponibilizá-lo para famílias que não podem ter filhos sem o uso da técnica de fertilização *in vitro* ou inseminação artificial.

** Características físicas e morfológicas do indivíduo, tais como cor dos olhos e do cabelo e outras predisposições genéticas.

Síntese

Neste capítulo, destacamos que a bioética, entendida como uma ética da vida, animal ou vegetal, propõe uma perspectiva de reflexão sobre os impasses que surgem entre a ciência, no uso ou desenvolvimento de algumas técnicas e tecnologias, e os valores morais constituídos nas sociedades atuais. Desse modo, nosso objetivo foi demonstrar que a bioética procura investigar se os resultados da ciência e da tecnologia são passíveis de serem julgados eticamente em virtude de um saber epistemológico e/ou dos benefícios que podem trazer para a vida humana.

Vimos que a bioética é uma disciplina que abrange diversas áreas do conhecimento: a medicina, o direito, a filosofia, as ciências biológicas e a teologia (de diversas denominações religiosas).

Analisamos alguns dos conflitos éticos que envolvem os campos de atuação da bioética, a saber, o aborto, a clonagem, as pesquisas com células-tronco, a fertilização *in vitro*, a inseminação artificial, a criogenização e a eutanásia.

Atividades de autoavaliação

1. De acordo com o conteúdo abordado neste capítulo, assinale a alternativa que apresenta o valor supremo que está em jogo na base das discussões éticas relacionadas à ciência e à tecnologia na atualidade:
    a) O valor dos lucros das empresas e das clínicas de fertilização.
    b) O valor intrínseco que a humanidade identifica na ciência.
    c) O valor dos seres humanos como coisas que podem ser manipuladas pela ciência de maneira indiscriminada.
    d) O valor da vida humana como digna em si mesma.

2. Fritz Jahr, em trabalho publicado no ano de 1927, menciona, pela primeira vez, o termo *bioética*. Com esse termo, ele queria chamar a atenção para "a emergência de obrigações éticas não apenas com o homem, mas a todos os seres vivos" (Jahr, citado por Goldim, 2004). De lá para cá, vários outros autores contribuíram para a compreensão do que hoje compreendemos como bioética. Essa é uma disciplina que trabalha com vários ramos do saber humano. Assinale a alternativa que destaca quais são essas áreas do saber:
   a) Direito, filosofia, matemática, lógica.
   b) Filosofia (ética), direito, medicina, ciências biológicas, conhecimento religioso.
   c) Religiões, medicina, ciências exatas (engenharia genética), fé.
   d) Filosofia, medicina, ciências biológicas, ciências políticas.

3. Nas questões que abrangem alguns dos campos de atuação da bioética, como o aborto, a clonagem e as pesquisas com células-tronco, podemos perceber que um dos principais problemas éticos que tais práticas envolvem é em relação:
   a) ao preço pago pelos tratamentos e procedimentos.
   b) às formas de determinação da lei do país que regulamentam essas práticas.
   c) ao início da vida humana.
   d) à genética, ao tamanho e à beleza do embrião.

4. A clonagem é uma prática de reprodução de indivíduos que apresentam o mesmo patrimônio genético. Ela pode ser entendida com base em duas finalidades distintas, uma terapêutica e outra reprodutiva. Sobre esse assunto, analise as proposições a seguir:
   I. A clonagem terapêutica que não provoca a criação e a consequente destruição de um feto humano não apresenta problemas éticos,

pois não fere a dignidade de um projeto de vida e, portanto, não é considerada aborto.

II. A clonagem reprodutiva não apresenta problemas éticos, pois foi considerada pela Unesco uma forma artificial de reprodução que mantém a dignidade do ser humano reproduzido.

III. A clonagem terapêutica é uma prática que destrói embriões humanos e deve ser utilizada apenas em tratamentos que podem vir a salvar vidas de pessoas que valem a pena.

Assinale a alternativa correta, referente aos princípios que a bioética procura defender em relação à clonagem e que foram destacados neste capítulo:

a) Somente a afirmativa I está correta.
b) Somente a afirmativa II está correta.
c) Somente a afirmativa III está correta.
d) As afirmativas I e II estão corretas.

5. Muitos casais da atualidade que desejam ter filhos, mas apresentam alguma patologia que os impede de realizar esse sonho de maneira natural recorrem a meios artificiais criados, sobretudo, pela ciência. Tomando como base o que vimos neste capítulo de bioética, analise as afirmações a seguir:

I. A inseminação artificial é uma prática que sofreu certa rejeição por parte da sociedade em virtude de reações de grupos religiosos, que viam nos procedimentos artificiais uma afronta a Deus, o qual, se desejasse que o casal tivesse filhos, os teria dotado para tal de maneira natural.

II. A fertilização *in vitro* é um processo de fertilização do óvulo materno em laboratório e ficou conhecido popularmente como "bebê de proveta".

III. Um dos problemas éticos que a fertilização *in vitro* enfrenta na atualidade é o fato de, por meio de tal procedimento, ser possível realizar a reprodução de seres vivos com um biótipo predeterminado (melhorado) em laboratório.

Assinale a alternativa correta, referente à tecnica da fertilização artificial:

a) As afirmativas I e III estão corretas.
b) Somente a afirmativa III está correta.
c) As afirmativas I, II e III estão corretas.
d) As afirmativas I e II estão corretas.

Atividades de aprendizagem

Questões para reflexão

1. Explique a diferença entre os diversos tipos de células-tronco e os problemas éticos que envolvem as pesquisas com as células-tronco embrionárias.

2. Descreva o que são e para que servem os processos de inseminação artificial, criogenização e fertilização *in vitro* e explique os problemas éticos relacionados a essas técnicas.

3. O que é eutanásia? Quais são os tipos de eutanásia?

Atividade aplicada: prática

Leia com atenção o texto a seguir, que aborda o caso de prática de eutanásia de Terri Schiavo.

Theresa Marie (Terri) Schindler-Schiavo, de 41 anos, que supostamente estava em processo de separação conjugal com seu marido, Michael Schiavo, teve uma parada cardíaca, em 1990, talvez devido à perda significativa de potássio associada à bulimia, que é um distúrbio alimentar. Ela permaneceu, pelo menos, cinco minutos sem fluxo sanguíneo cerebral. Desde então, devido à grande lesão cerebral, ficou em estado vegetativo, de acordo com as diferentes equipes médicas que a têm tratado. Os pais de Terri alegaram uma possível agressão do marido, por estrangulamento, que poderia ter sido a causadora da lesão cerebral. Após longa disputa familiar, judicial e política, teve retirada a sonda que a alimentava e hidratava, vindo a falecer em 31 de março de 2005.

O caso Terri Schiavo vem tendo grandes repercussões nos Estados Unidos, assim como em outros países, devido à discordância entre seus familiares na condução do caso. O esposo, Michael Schiavo, desejava que a sonda de alimentação fosse retirada, enquanto que os pais da paciente, Mary e Bob Schindler, assim como seus irmãos, lutaram para que a alimentação e hidratação fossem mantidas. Por três vezes o marido ganhou na justiça o direito de retirar a sonda. Nas duas primeiras vezes a autorização foi revertida. Em 19 de março de 2005 a sonda foi retirada pela terceira vez, assim permanecendo até a sua morte. Apesar de todo o envolvimento político, que permitiu reabrir o caso em nível da justiça federal norte-americana, o primeiro juiz federal que foi chamado a se pronunciar no caso não autorizou a recolocação da sonda. Esse caso tem sido relatado na imprensa leiga como uma situação de eutanásia, mas pode muito bem ser enquadrado como uma suspensão de uma medida terapêutica considerada como sendo não desejada pela paciente e incapaz de alterar o prognóstico de seu quadro.

Fonte: Goldim, 2005.

Com base no breve relato do caso Terri Schiavo, redija um texto explicando seu posicionamento sobre a prática da eutanásia. Atente para o fato de que existem diversas formas de eutanásia e procure, ao se posicionar, ser específico:

- Você concorda com as formas existentes de eutanásia?
- No caso de Terri Schiavo, você acha que a decisão tomada foi uma forma de garantir a dignidade da vida humana?
- Qual seria sua atitude se o caso fosse com um ente querido seu (pais, filhos, parentes próximos)?

Partilhe seu texto nas redes sociais e compare sua opinião com a de seus amigos e conhecidos sobre o assunto.

Lembre-se: a bioética é uma disciplina cujo objetivo não é oferecer verdades universais, mas promover o debate para que a sociedade, como um todo, busque alternativas que procurem conciliar os mais variados pontos de vista no campo dos valores morais. Isso é fazer bioética.

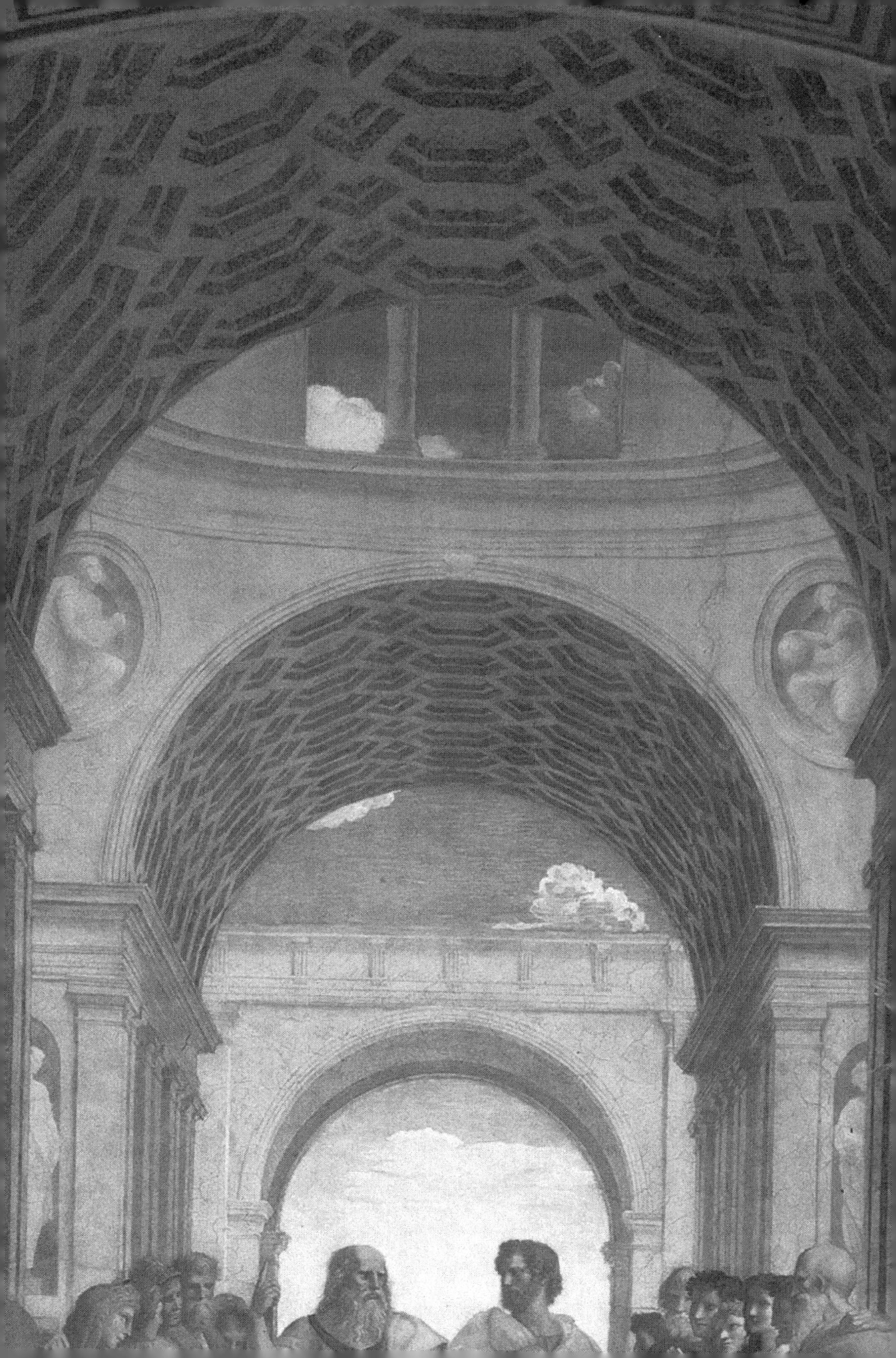

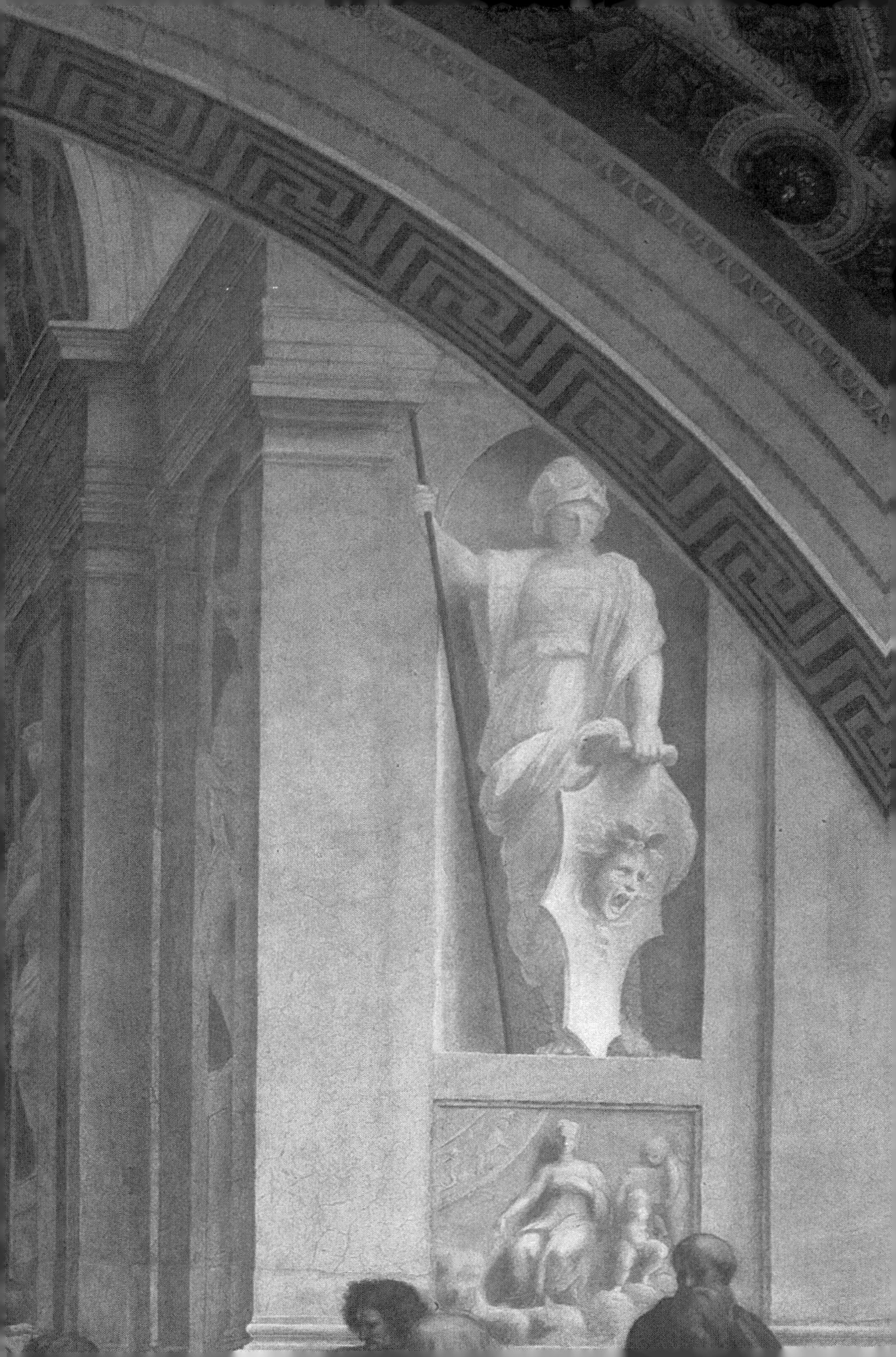

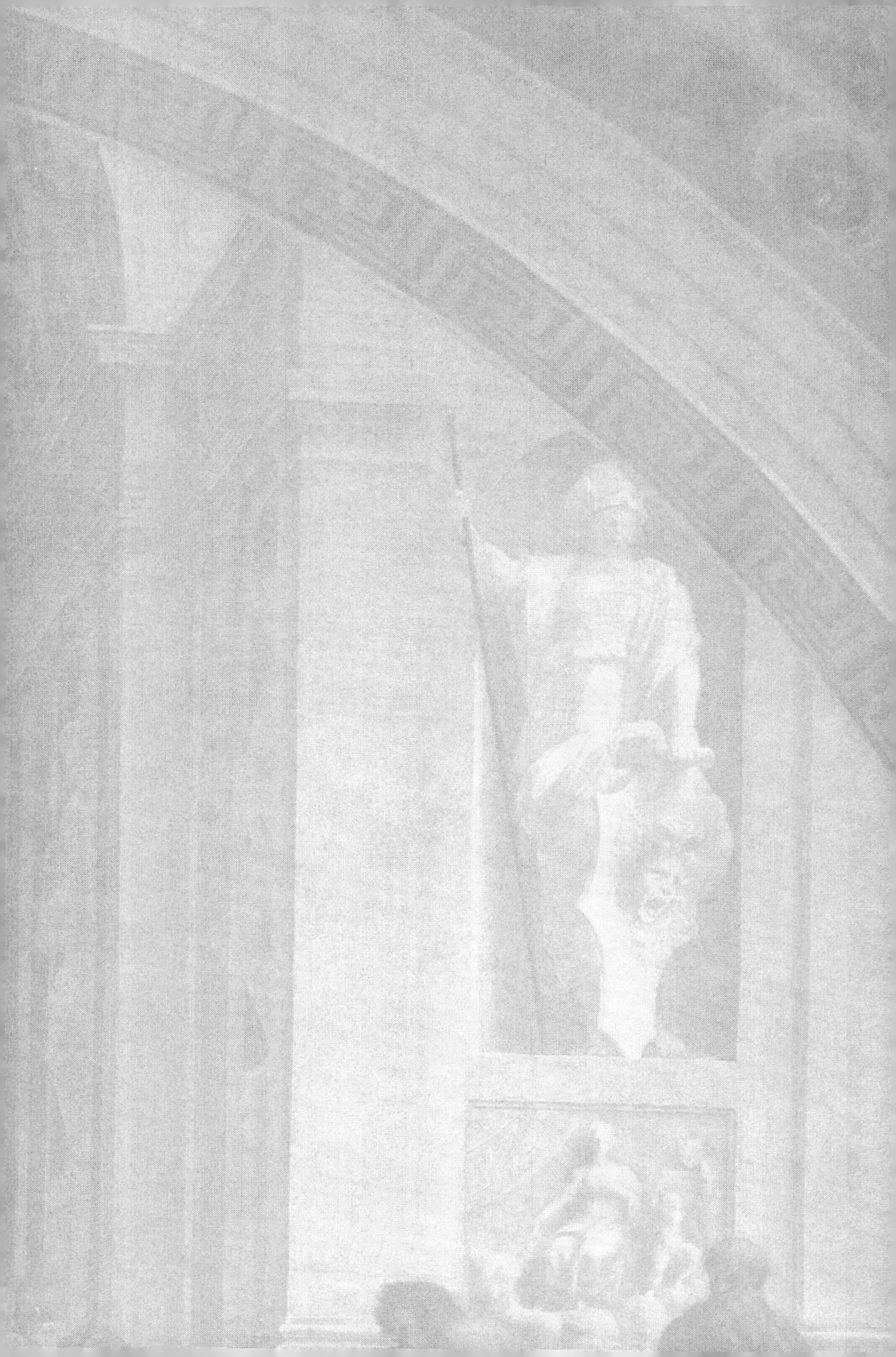

considerações finais

Ao término da reflexão sobre os fundamentos da ética proposta neste livro, gostaríamos de deixar claro que as discussões sobre o assunto não se encerram aqui, tampouco se resumem ao que foi registrado nestas páginas, mas representam alguns dos fundamentos que julgamos essenciais para um debate em torno da problemática que é a ética – a qual não pode ser deixada de lado em hipótese alguma.

Sabemos que a realização de um estudo mais aprofundado sobre um assunto como esse exige empenho e dedicação e, dessa maneira, com o esforço que tivemos na confecção desta obra, acreditamos ter contribuído para a formação de estudiosos e pesquisadores que se interessem pelo debate a respeito de uma filosofia moral que se inicia com Sócrates e chega até nossos dias de maneira muito intensa.

Diante disso, desafiamos você, caro leitor, a aprofundar cada vez mais seus estudos em torno da temática para que, em seu dia a dia, possa agir em conformidade com ideias que, embora não sejam necessariamente universais, ao menos têm um fundamento ético.

Os autores e escolas de pensamento que examinamos aqui produziram respostas a conflitos éticos vivenciados cada qual em seu contexto histórico. Esperamos que, com o estudo dessas contribuições, você também possa alcançar essa realização: quais são as respostas que você encontrará para os conflitos éticos vividos hoje? Desejamos que encontre excelentes respostas.

Lista de abreviaturas relacionadas ao trabalho de Kant

GMS: *Grundlegung zur Metaphysik der Sitten* – Fundamentação da metafísica dos costumes (1785) (AA IV)

KdU: *Kritik der Urteilskraft* – Crítica da faculdade de julgar (1790) (AA V)

KpV: *Kritik der praktischen Vernunft* – Crítica da razão prática (1788) (AA V)

KrV: *Kritik der reinen Vernunft* – Crítica da razão pura (A 1781, B 1789)

WA: *Beantwortung der Frage: Was ist Aufklärung?* – Resposta à pergunta: o que é Esclarecimento? (1784) (AA VIII)

referências

AGOSTINHO, Santo. **Confissões. De magistro**. 2. ed. São Paulo: Abril Cultural, 1980. (Coleção Os Pensadores).

ALMEIDA, F. B. de. **Teoria geral dos direitos humanos**. Porto Alegre: Sergio Antonio Fabris, 1996.

ALMEIDA, W. C. de. **Defesas do ego**: leitura didática de seus mecanismos. São Paulo: Agora, 1996.

ANGIONI, L. As relações entre "fins" e "meios" e a relevância moral da phronesis na ética de Aristóteles. **Revista Filosófica de Coimbra**, v. 18, n. 35, p. 185-204, mar. 2009a.

ANGIONI, L. Notas sobre a definição de virtude moral em Aristóteles (EN 1106b 36-1107a 2). **Journal of Ancient Philosophy**, São Paulo, v. 3, n. 1, 2009b.

ARANHA, M. L. A; Martins, M. H. P. **Filosofando**: introdução à filosofia. São Paulo: Moderna, 2013.

ARISTÓTELES. **Ethica Nicomachea I 13- III 8**: tratado da virtude moral. Tradução de Marcos Zingano. São Paulo: Odysseus, 2008.

ARISTÓTELES. **Ética a Nicômaco**. Tradução de Leonel Vallandro e Gerd Bornheim. São Paulo: Abril Cultural, 1984.

ARISTÓTELES. **Metafísica**. Tradução de Edson Bini. 2. ed. São Paulo: Edipro, 2012.

BARBALET, J. M. **A cidadania**. Lisboa: Editorial Estampa, 1989.

BERLIN, I. A originalidade de Maquiavel. In: BERLIN, I. **Estudos sobre humanidade**: uma antologia de ensaios. São Paulo: Companhia das Letras, 2002.

BÍBLIA. (Antigo Testamento). Gênesis. Português. **Bíblia Sagrada**. Tradução Ecumênica Brasileira (TEB). São Paulo: Edições Loyola e Paulinas, 1996. cap. 3, vers. 23.

BIELEFELDT, H. **Filosofia dos direitos humanos**. São Leopoldo: Unisinos, 2000.

BOBBIO, N. **A era dos direitos**. Rio de Janeiro: Campus, 1992.

BRASIL. **Arguição de Descumprimento de Preceito Fundamental** n. 54. 17 jun. 2004. Disponível em: <http://www.stf.jus.br/portal/peticaoInicial/verPeticaoInicial.asp?base=ADPF&s1=54&processo=54>. Acesso em: 21 ago 2016.

BRASIL. Decreto-Lei n. 2.848, de 7 de dezembro de 1940. **Diário Oficial da União**, Poder Executivo, Rio de Janeiro, DF, 31 dez. 1940. Disponível em: <https://www.planalto.gov.br/ccivil_03/decreto-lei/Del2848compilado.htm>. Acesso em: 21 ago. 2016.

CABERNITE, L. **O complexo de Édipo na psicanálise e na análise de grupo**. Rio de Janeiro: Imago, 1976. (Coleção Psicologia Psicanálitica).

CANTO, H; SPERBER, J. **Dicionário de ética e filosofia moral**. São Leopoldo: Unisinos, 2003.

CHALITA, G. **Vivendo a filosofia**. São Paulo: Ática, 2005.

CHAUI, M. **Convite à filosofia**. São Paulo: Ática, 2000.

COMPARATO, F. K. **Ética**: direito, moral e religião no mundo moderno. São Paulo: Companhia das Letras, 2006.

COPLESTON, F. **De Fichte a Nietzsche**. Tradução de Ana Doménech. Barcelona: Editorial Ariel, 1980. (Coleção História de la Filosofia, v. 7).

COTRIM, G.; FERNANDES, G. **Fundamentos de filosofia**. 2. ed. São Paulo: Saraiva, 2013.

CUNHA, J. R.; MELLO, C. C.; SPIELER, P. **Direitos humanos**. 4. ed. Rio de Janeiro: Fundação Getulio Vargas, 2010.

DICIONÁRIO ONLINE DE PORTUGUÊS. Disponível em: <http://www.dicio.com.br/>. Acesso em: 21 ago. 2016.

DOUZINAS, C. **O fim dos direitos humanos**. São Leopoldo: Unisinos, 2009.

EDMUNDSON, W. **Uma introdução aos direitos**. São Paulo: M. Fontes, 2006.

EPICURO. **Antologia de textos**. 3. ed. São Paulo: Abril Cultural, 1985.

FELIX, Z. C. et al. Eutanásia, distanásia e ortotanásia: revisão integrativa da literatura. **Ciência & Saúde Coletiva**, Rio de Janeiro, v. 18, n. 9, p. 2733 -2746, set. 2013.

FREUD, S. **A história do movimento psicanalítico**, artigos sobre a **metapsicologia e outros trabalhos (1914 - 1916)**. Rio de Janeiro: Imago, 1974a. (Edição Standart Brasileira das Obras Psicológicas Completas de Sigmund Freud, v. 14).

FREUD, S. **A interpretação dos sonhos (primeira parte)**. Rio de Janeiro: Imago, 1987a. (Edição Standart Brasileira das Obras Psicológicas Completas de Sigmund Freud, v. 4).

FREUD, S. **A interpretação dos sonhos (segunda parte) e sobre os sonhos**. Rio de Janeiro: Imago, 1987b. (Edição Standart Brasileira das Obras Psicológicas Completas de Sigmund Freud, v. 5).

FREUD, S. **Moisés e o monoteísmo**. Tradução de Maria Aparecida Moraes Rego. Rio de Janeiro: Imago, 1997.

FREUD, S. **O ego e o id e outros trabalhos**. Rio de Janeiro: Imago, 1976a. (Edição Standart Brasileira das Obras Psicológicas Completas de Sigmund Freud, v. 19).

FREUD, S. **O futuro de uma ilusão, O mal-estar na civilização e outros trabalhos**. Tradução de José Octávio de Aguiar Abreu. Rio de Janeiro: Imago, 1974b. (Edição Standart Brasileira das Obras Psicológicas Completas de Sigmund Freud, v. 21).

FREUD, S. **Totem e tabu e outros trabalhos**. Tradução de Órizon Carneiro Muniz. Rio de Janeiro: Imago, 1974c. (Edição Standart Brasileira das Obras Psicológicas Completas de Sigmund Freud, v. 13).

FREUD, S. **Um estudo autobiográfico, Inibições, sintomas e ansiedade, A questão da análise leiga e outros trabalhos**. Rio de

Janeiro: Imago, 1976b. (Edição Standart Brasileira das Obras Psicológicas Completas de Sigmund Freud, v. 20).

GAZOLA, R. **O ofício do filósofo estoico**: o duplo registro do discurso estoico. São Paulo: Loyola, 1999.

GOLDIM, J. R. **Caso Terri Schiavo**: retirada de tratamento. Porto Alegre, 17 ago. 2005. Disponível em: <http://www.ufrgs.br/bioetica/terri.htm>. Acesso em: 21 ago. 2016.

GOLDIM, J. R. **Clonagem**: aspectos biológicos e éticos. Porto Alegre, 16 fev. 2003. Disponível em: <http://www.bioetica.ufrgs.br/clone.htm>. Acesso em: 21 ago. 2016.

GOLDIM, J. R. **Definição de bioética**: Fritz Jahr 1927. Porto Alegre, 2004. Disponível em: <https://www.ufrgs.br/bioetica/bioet27.htm>. Acesso em: 21 ago. 2016.

HIRSCHBERGER, J. **História da filosofia na Idade Média**. Tradução de Alexandre Correia. São Paulo: Herder, 1966.

HOBBES, T. **O Leviatã ou matéria, forma e poder de um estado eclesiástico e civil**. São Paulo: Nova Cultural, 1998. (Coleção Os Pensadores).

HUME, D. **Investigações sobre o entendimento humano e sobre os princípios da moral**. Tradução de José Oscar de Almeida Marques. São Paulo: Ed. da Unesp, 2004.

KANT, I. **Crítica da faculdade do juízo**. Tradução de Valério Rohden e Antonio Marques. Rio de Janeiro: Forense Universitária, 2002.

KANT, I. **Crítica da razão prática**. Tradução de Valério Rohden. São Paulo: M. Fontes, 2003.

KANT, I. **Crítica da razão pura**. Tradução de Manuela Pinto dos Santos. 5. ed. Lisboa: Fundação Calouste Gulbenkian, 2001.

KANT, I. **Fundamentação da metafísica dos costumes**. Tradução de Paulo Quintela. São Paulo: Abril Cultural, 1980. (Coleção Os Pensadores).

KANT, I. **Resposta à questão: o que é Esclarecimento?** Tradução de Vinicius B. de Figueiredo. Disponível em: <https://www.academia.edu/7894936/I._KANT_Resposta_%C3%A0_quest%C3%A3o_O_que_%C3%A9_Esclarecimento_Introdu%C3%A7%C3%A3o_tradu%C3%A7%C3%A3o_e_notas_por_Vinicius_de_Figueiredo>. Acesso em: 21 ago. 2016.

KANT, I. **Sobre a pedagogia**. Tradução de Francisco Cock Fontanella. 2. ed. Piracicaba: Ed. da Unimep, 1999.

KANT, I. **Kant**. Volumes 1 e 2. Tradução de Valério Rohden. São Paulo: Abril Cultural, 1974. (Coleção Os Pensadores).

LIMA, W. M. **Liberdade e dialética em Jean-Paul Sartre**. Maceió: Edufal, 1998.

LOCKE, J. **Segundo tratado sobre o governo civil**. São Paulo: Abril Cultural, 1978. (Coleção Os Pensadores).

LOPES, J. R. de L. **Direitos sociais**. São Paulo: Método, 2006.

MAQUIAVEL, N. **O príncipe**. São Paulo: Companhia das Letras, 2010.

MARSHALL, T. H. **Cidadania, classe social e status**. Rio de Janeiro: Zahar, 1967.

MOUTINHO, L. D. S. **Sartre**: psicologia e fenomenologia. São Paulo: Brasiliense, 1995.

NIETZSCHE, F. W. **A genealogia da moral**: uma polêmica. Tradução de Paulo César de Souza. São Paulo: Companhia das Letras, 1998a.

NIETZSCHE, F. W. **Além do bem e do mal ou prelúdio de uma filosofia do futuro**. Tradução de Márcio Pugliesi. 5. ed. São Paulo: Hemus, [S.d.]. (Série Ciências Sociais & Filosofia).

NIETZSCHE, F. W. **Assim falou Zaratustra**: um livro para todos e ninguém. Tradução de Mario da Silva. 9. ed. Rio de Janeiro: Bertrand Brasil, 1998b.

NIETZSCHE, F. W. **O nascimento da tragédia, ou helenismo e pessimismo**. Tradução de J. Guinsburg. 2. ed. São Paulo: Companhia das Letras, 1992.

NIETZSCHE, F. W. **Sabedoria para depois de amanhã**. São Paulo: M. Fontes, 2005.

ONU – Organização das Nações Unidas. Declaração Universal dos Direitos Humanos. 1948. Disponível em: <http://www.dudh.org.br/declaracao/>. Acesso em: 21 ago. 2016.

PEQUENO, M. Ética, educação e cidadania. In: ZENAIDE, M. de N. T.; FERREIRA, L. de F. G.; NÁDER, A. A. G. (Org.). **Direitos humanos**: capacitação de educadores. João Pessoa: Ed. da UFPB, 2008a. p. 35-39. v. 1: Fundamentos histórico-filosóficos e político-jurídicos da educação em direitos humanos. Disponível em: <http://www.ufal.edu.br/aedhesp/bibliteca-virtual/downloads/modulo-1-capacitacao-de-educacao-dos-em-direitos-humanos-redhbrasil>. Acesso em: 21 ago. 2016.

PEQUENO, M. O fundamento do direitos humanos. In: ZENAIDE, M. de N. T.; FERREIRA, L. de F. G.; NÁDER, A. A. G. (Org.). Direitos humanos: capacitação de educadores. João Pessoa: Ed. da UFPB, 2008b. p. 23-28. v. 1: Fundamentos histórico-filosóficos e político-jurídicos da educação em direitos humanos. Disponível em: <http://www.ufal.edu.br/aedhesp/bibliteca-virtual/downloads/

modulo-1-capacitacao-de-educacao-dos-em-direitos-humanos-redhbrasil>. Acesso em: 21 ago. 2016.

PEREIRA, M. H. da R. Apresentação. In. Platão. **A república**. Tradução de Maria Helena da Rocha Pereira. 9. ed. Lisboa: Fundação Calouste Gulbenkian, 2001.

PINTO COELHO, S. de O. **Introdução ao direito romano**: constituição, categorização e concreção do direito em Roma. Belo Horizonte: Atualizar, 2009.

PLATÃO. **A república**. Tradução de Jacó Guinsburg. São Paulo: Difusão Europeia do livro, 1965a. v. 1.

PLATÃO. **A república**. Tradução de Jacó Guinsburg. São Paulo: Difusão Europeia do livro, 1965b. v. 2.

PLATÃO. **A república**. Tradução de Maria Helena da Rocha Pereira. 9. ed. Lisboa: Fundação Calouste Gulbenkian, 2001.

PLATÃO. **Fédon**. Tradução de Miguel Ruas. São Paulo: M. Fontes, 2007.

PLATÃO. **Fedro**. Tradução de Pinharanda Gomes. Lisboa: Guimarães Editores, 2000.

PLATÃO. **Protágoras**. Tradução de Ana da Piedade Elias Pinheiro. Lisboa: Relógio D`Água, 1999.

POTTER, V. R. **Bioethics**: Bridge to the Future. New Jersey: Prentice-Hall, 1971.

RABENHORST, E. **Dignidade humana e moralidade democrática**. Brasília: Brasília Jurídica, 2001.

REALE, G. **História da filosofia**: do humanismo a Descartes. São Paulo: Paulus, 2005. v. 3.

RIBEIRO, R. J. **Um pensador da ética**. 2004. Disponível em: <http://www.renatojanine.pro.br/filopol/pensador.html>. Acesso em: 22 jul. 2015.

RNTC – Rede Nacional de Terapia Celular. **O que são células-tronco?** Disponível em: <http://www.rntc.org.br/ceacutelulas-tronco.html>. Acesso em: 21 ago. 2016.

SARTRE, J. P. **O existencialismo é um humanismo**. Tradução de Rita Correia Guedes. 3. ed. São Paulo: Nova Cultural, 1987.

SARTRE, J. P. **O ser e o nada**: ensaio de ontologia fenomenológica. 15. ed. Tradução de Paulo Perdigão. Petrópolis: Vozes, 2007.

SCHRAMM, F. R. Bioética para quê? **Revista Camiliana da Saúde**, [S. l.], v. 1, n. 2, p. 14-21, jul./dez. 2002.

SILVA, F. L. E. **Ética e literatura em Sartre**: ensaios introdutórios. São Paulo: Ed. da Unesp, 2004.

SINGER, P. **Ética prática**. São Paulo: M. Fontes, 1994.

TOMÁS DE AQUINO, Santo. **Seleção de textos**. São Paulo: Nova Cultural, 1988. (Coleção Os Pensadores).

TOMÁS DE AQUINO, Santo. **Tomás de Aquino**. São Paulo: Nova Cultural, 1996. (Coleção Os Pensadores).

TRINDADE J. D. de L. **História social dos direitos humanos**. São Paulo: Petrópolis, 2002.

UNESCO – Organização das Nações Unidas para a Educação, a Ciência e a Cultura. Declaração Universal sobre o Genoma Humano e os Direitos Humanos. 1997. Disponível em: <http://unesdoc.unesco.org/images/0012/001229/122990por.pdf>. Acesso em: 21 ago. 2016.

VÁZQUEZ, A. **Ética**. Tradução de João Dell'Anna. 36. ed. Rio de Janeiro: Civilização Brasileira, 2014.

VIEIRA, L. **Os argonautas da cidadania**: a sociedade civil na globalização. Rio de Janeiro: Record, 2001.

VIEIRA, O. V. **Direitos fundamentais**. São Paulo: Direito FGV/Malheiros, 2006.

ZATZ, M. Clonagem humana: conhecer para opinar. **Pesquisa Fapesp**, São Paulo, n. 73, p. 8-14, mar. 2002. Suplemento especial. Disponível em: <http://revistapesquisa.fapesp.br/2002/03/29/clonagem-humana-conhecer-para-opinar-2/>. Acesso em: 21 ago. 2016.

bibliografia comentada

COMPARATO, F. K. **Ética**: direito, moral e religião no mundo moderno. São Paulo: Companhia das Letras, 2006.

Entre o vasto número de obras que têm como tema central o estudo da ética, sem dúvida nenhuma essa obra de Fábio Konder Comparato representa um marco para as publicações em língua portuguesa e é, de fato, uma leitura obrigatória para todos os pesquisadores da atualidade. Comparato realiza um trabalho interdisciplinar com a história, o direito, a sociologia, a política e a filosofia de maneira brilhante. A obra apresenta uma estrutura que abrange um grande número de elementos fundamentais para a abordagem do assunto, que vão desde a Antiguidade e o surgimento das primeiras civilizações até os tempos atuais. Vale a pena conferir a publicação e adquirir a obra para consultas específicas, garantindo uma formação adequada aos padrões da academia.

VÁZQUEZ, A. S. **Ética**. Tradução de João Dell'Anna. 36. ed. Rio de Janeiro: Civilização Brasileira, 2014.

A obra tem como principal objetivo introduzir o leitor às principais questões envolvidas no tema da ética. O autor procura, de maneira clara e com exemplos práticos, fornecer os elementos fundamentais para a melhor compreensão da investigação e sistematização dos conceitos da ética. Produzida sem dogmatismos, a obra se tornou uma referência para estudos do tema e sua leitura é obrigatória para todos aqueles que pretendem aventurar-se em discussões de cunho moral na atualidade.

respostas

Capítulo 1

Atividades de autoavaliação

1. a
2. c
3. b

4. a
5. d

Atividades de aprendizagem

Questões para reflexão

1. O objetivo da questão é proporcionar ao leitor a possibilidade de voltar ao texto e elaborar uma síntese das ideias que foram apresentadas e, ao mesmo tempo, forçá-lo a realizar uma reflexão ética sobre a posição moral apresentada por Céfalo.

A posição de Céfalo pode ser resumida desta forma: justo é dar a cada um o que lhe é devido e falar sempre a verdade. Sócrates questiona essa posição moral apresentado por Céfalo por acreditar que tais valores podem entrar em conflito dependendo da situação experimentada pelas pessoas em alguns momentos específicos, como no caso de entrarem em conflito com o valor de uma vida humana.

2. O objetivo da questão é proporcionar ao leitor um momento para revisitar o que foi lido no primeiro capítulo, sobretudo na Subseção 1.2.2, e enfatizar que existem diferenças e semelhanças entre as leis criadas na esfera moral e as leis criadas na esfera civil, procurando instigá-lo a sintetizar/resumir o que foi abordado no livro sobre esse aspecto.

3. O objetivo da questão é fazer com que o leitor consiga sintetizar e ordenar, de maneira didática, os elementos que tornam nossas ações passíveis de serem julgadas do ponto de vista da ética e da moral. Não podemos julgar moralmente alguém nem afirmar que sua ação é antiética se o agente não cumprir estes pré-requisitos: ser consciente de si e dos outros, ser dotado de vontade, ser responsável e ser livre.

Capítulo 2

Atividades de autoavaliação

1. c
2. a
3. b
4. d
5. a

Atividades de aprendizagem

Questões para reflexão

1. O objetivo da questão é proporcionar ao leitor a possibilidade de voltar às informações apresentadas no texto e confrontá-las com os padrões morais dos dias de hoje.

Para os epicuristas, a busca moderada dos prazeres é a melhor ação, tendo como fim último a felicidade do indivíduo. Se transpuséssemos para os dias atuais essa concepção de virtude, constataríamos que, em certo sentido, na busca dos prazeres, estamos no mesmo patamar de inspiração. Contudo, a vida pós-moderna não parece proporcionar uma limitação aos prazeres. Assim, os prazeres almejados nos dias de hoje, seja lá quais forem, parecem muito mais pautados na falta de moderação do que o inverso.

2. O objetivo da questão é proporcionar ao leitor a possibilidade de voltar ao texto e reler principalmente a subseção 2.3.2, de modo que possa elaborar uma síntese da psicologia do ato moral em Aristóteles.

Dispondo da vontade para agir, entende-se que o sujeito virtuoso aristotélico deve ainda deliberar sobre sua ação a fim de que sua escolha produza o efeito esperado. Assim, são constituintes da psicologia do ato moral: a vontade, a deliberação, a escolha e a intenção. Diante disso, a busca pela ação virtuosa, a excelência no agir pode ser alcançada na medida em que o indivíduo se incline sobre esses elementos antes de executar um ato.

3. O objetivo da questão é proporcionar ao leitor a possibilidade de voltar ao texto e retomar a leitura do capítulo, sobretudo da Subseção 2.5.2, no intuito de sintetizar a moralidade estoica com base em conceitos imprescindíveis.

Como o estoico concebe a natureza humana em relação à sua alma racional, então o sábio ou o virtuoso estoico é aquele que age de acordo com a racionalidade. Para tanto, ele utiliza dois meios que o condicionam a viver de acordo com a natureza: a apatia, isto é, a eliminação das paixões da alma, e a ataraxia, o estágio da imperturbabilidade da alma. A importância dessas duas disposições é tal que sem elas dificilmente poderíamos conceber o estoicismo como o entendemos. Isso porque atingir a ataraxia e não se deixar preocupar com ofensas nem se inflamar com elogios é próprio de uma alma que já eliminou ou busca arduamente eliminar as paixões. Com efeito, o homem de virtude estoica sabe da existência de eventos que dependem de suas ações, porém há outros tantos que independem de sua ação.

Capítulo 3

Atividades de autoavaliação

1. d
2. c
3. a
4. b
5. c

Atividades de aprendizagem

Questões para reflexão

1. O objetivo da questão é proporcionar ao leitor a possibilidade de reler o capítulo a fim de formular uma síntese sobre o conceito de predestinação, ou seja, a ideia de que há alguns escolhidos pelo dom da fé. A graça divina concederia o dom da fé, isto é, apresentaria a condição para a ação virtuosa (aquela que aspira à santidade), somente aos escolhidos. Assim, alguns predestinados teriam a possibilidade de agir de forma santa. Em relação a isso, surge o seguinte problema: o que seria daqueles que não são escolhidos ou agraciados pelo dom da fé? Com a doutrina ou teoria da predestinação, Agostinho opõe-se ao intelectualismo e à autonomia construída na ética pagã. Quando o indivíduo age prescindindo da fé, ele opta por agir de acordo com sua vontade e, como sabemos, na ética agostiniana, a vontade é uma faculdade do corpo, e este leva sempre ao vício.

2. O objetivo da questão é proporcionar ao leitor a possibilidade de retomar o capítulo sobre a ética de Aristóteles, sobretudo a Seção 2.3, com o intuito de formular uma síntese sobre o conceito de felicidade como fim último das ações.

Devemos entender por *fim último* o objetivo a ser alcançado com determinada ação. Com a prática da boa ação, é lícito esperar alcançar o fim último, que, no caso do homem, equivale à felicidade. Tomás de Aquino reconhece praticamente toda a formulação da ética aristotélica, porém, por meio do conceito de fé, promove a ética antiga com a intenção de defender e cultivar as ideias cristãs.

3. O objetivo da questão é proporcionar ao leitor a possibilidade de voltar às informações apresentadas no texto e confrontá-las com a própria concepção sobre moralidade e, ao mesmo tempo, instigá-lo

a realizar uma reflexão ética sobre a posição moral apresentada por Tomás de Aquino.

Se, no período de Tomás de Aquino, a visão religiosa de mundo era predominante, em nossa época, a realidade parece bem diferente. Contudo, ainda podemos, se nos detivermos em preceitos de determinada religião, permanecer com a concepção de que os atos moralmente errados também se referem a ações contra a divindade em que acreditamos. Porém, o mais interessante na perspectiva da filosofia moral é o fato de não precisarmos, exclusivamente, tomar as más ações como pecaminosas, ou seja, não temos a necessidade de vincular todos os atos à religiosidade; em alguns casos, eles podem ser simplesmente equívocos formais e não moralmente condenáveis, como os pecados.

Capítulo 4

Atividades de autoavaliação

1. c
2. d
3. b
4. a
5. a

Atividades de aprendizagem

Questões para reflexão

1. O objetivo da questão é fazer com que o leitor consiga diferenciar os conceitos de autonomia (caso daqueles que conseguem dar leis a si próprios) e heteronomia (caso daqueles que seguem as leis impostas pelos outros).

Ao mesmo tempo, pretende-se que o leitor consiga relacionar o conceito de autonomia à proposta kantiana de ética, baseada no dever (ética deontológica), entendendo o cumprimento do dever não de maneira heterônoma, mas autônoma: por intermédio da liberdade da razão, o homem cria suas próprias leis, tomando como base os imperativos categóricos, e, uma vez criadas essas leis, passa a obrigar-se a cumpri-las como dever.

2. O objetivo da questão é fazer com que o leitor consiga destacar as principais características da ética de Maquiavel, voltada para o político, aquele sujeito que entra para a vida pública. O político deve, em suas ações, procurar analisar não os princípios, mas as consequências que essas ações trarão para o coletivo, para o bem comum. Nesse sentido, deve-se fazer o bem sempre que possível, mas também se deve praticar o mal sempre que necessário, pois, como os intérpretes de Maquiavel bem resumiram, os fins justificam os meios: se a finalidade for o bem comum, então quaisquer meios utilizados para tal serão justificados. Isso mostra que o pensamento de Maquiavel, que ficou conhecido como *maquiavélico* (maquiavelismo), não está desprovido de ética, mas embasado em uma ética própria, diferente da ética cristã, tão apregoada em seu tempo. O maquiavelismo é uma ética voltada à vida do homem político, que deve sempre ter em vista as consequências que suas ações e decisões políticas trarão para o povo.

3. Pretende-se, com essa questão, que o leitor consiga destacar o principal fundamento da proposta ética elaborada por Hume. Para o pensador escocês, a razão cumpre um papel secundário para a ética; está a serviço dos princípios básicos da natureza humana (que são as paixões e as emoções). Somente as paixões e as emoções serão capazes de nos fazer distinguir entre o belo e o feio, entre o vício e a virtude, entre o bom e o mau. Diante disso, Hume alerta para o fato de que os

principais sentimentos que ajudam as ações dos homens são dor e prazer, benevolência e egoísmo. Uma ação é considerada ética quando busca conciliar e equilibrar esses sentimentos antagônicos. Segundo Hume, isso só é possível quando começamos a levar em conta um elemento que ele chama de *utilidade pública*, ou melhor, *interesse público*. Esse interesse é percebido na sociedade por meio da sensação de prazer ou desprazer (dor), pois os homens não são totalmente indiferentes à dor e ao prazer alheios e tendem a ver na utilidade pública a possibilidade de receber prazer. Por conta disso, aprovamos essa utilidade naturalmente: a busca pelo prazer individual nos leva a agir de acordo com a utilidade e o interesse públicos, de maneira benevolente com os outros, evitando o egoísmo, ou seja, agindo de maneira ética. São esses sentimentos que nos levam a agir de maneira justa para com os outros.

Capítulo 5

Atividades de autoavaliação

1. d
2. b
3. a
4. d
5. d

Atividades de aprendizagem

Questões para reflexão

1. O objetivo da questão é levar o leitor a identificar os pressupostos que caracterizam o que Nietzsche chama de "além do homem" (*Ubermënsch*), ou seja, aquele que consegue afirmar sua vontade de poder, de dominar, e consegue se livrar da moral de rebanho que

impede os homens de valorizarem seus aspectos vitais. Em suma, o "além do homem" consegue suprimir e superar os valores morais que foram impostos pela moral dos fracos (moral de rebanho, moral dos ressentidos) como verdades únicas e universais. O "além do homem" consegue navegar em linha reta acima da moral, navegar por mares do conhecimento que são quase virgens. Transvalorar os valores morais é negar toda e qualquer ideia de coletividade, de rebanho, e essa transvaloração é tarefa do indivíduo, do espírito livre, do filósofo do futuro, do *Ubermënsch*, do "além do homem".

2. Espera-se que o leitor saiba distinguir o id, o ego e o supergo e reconhecer como a rigorosa repressão do superego sobre o ego acaba impedindo a livre evasão dos impulsos vitais oriundos do id e, consequentemente, tornando o homem um ser doente, por meio da culpa.

3. A questão é central para que o leitor entenda a ética de Sartre, pois o mesmo projeto existencialista que ele cria para o indivíduo (o "ser para si") também deve ser levado para os outros (o "ser para o outro"). Nesse sentido, revisitando o texto, podemos entender que devemos admitir que a própria consciência livre apresenta a mesma finalidade e o mesmo objetivo que a consciência alheia. Devemos admitir que somos livres e assim queremos continuar existindo, ao passo que também queremos expandir ao máximo nossa liberdade por meio de nossos projetos. Assim, podemos afirmar que o meu projeto de existir projeta-se também como projeto do outro. Ambos podem não ser exatamente iguais (na verdade, não o são), mas se referem ao projeto de humanidade que é reconhecido em todos nós. Os valores morais e éticos deveriam, portanto, considerar essa humanidade que há em todos nós para a formulação de seus princípios.

Capítulo 6

Atividades de autoavaliação

1. b
2. a
3. c
4. a
5. d

Atividades de aprendizagem

Questões para reflexão

1. Em um primeiro momento, o leitor deve ter em mente que o que se convencionou chamar de *primeira, segunda e terceira gerações dos direitos humanos* corresponde a uma organização histórica, não significando que uma tenha maior importância que a outra.

No que se refere aos direitos humanos da primeira geração, entendemos que todos eles buscam determinar as ideias que devem servir de orientação para a prática de direitos, principalmente do cidadão diante do Estado constituído. Esses direitos irmanam todos pela noção de direito natural; com efeito, reivindicam a limitação do poderio estatal diante dos sujeitos, ao mesmo tempo que investem e propagam um conjunto de ideias e práticas a fim de mostrar os deveres que o poder constituído há de assumir diante dos sujeitos que compõem aquele Estado.

2. O objetivo da questão é proporcionar ao leitor um momento para revisitar o que foi lido no capítulo, sobretudo a Seção 6.2, e, ao mesmo tempo, permitir que exponha sua reflexão sobre o tema.

Embora a definição kantiana de *dignidade* nos permita esclarecer a que esse conceito se refere, a reivindicação dos direitos humanos quanto a questões básicas (educação, saúde, segurança etc.) já nos deveria servir de motivação para reivindicar o cumprimento desses direitos, pois se trata do mínimo que deve ser estabelecido para um ser humano viver e entender-se como tal.

Capítulo 7

Atividades de autoavaliação

1. d
2. b
3. c
4. a
5. c

Atividades de aprendizagem

Questões para reflexão

1. O aluno deve distinguir os tipos de células-tronco que existem, a saber: células-tronco embrionárias, que se encontram, como o próprio nome já indica, nos embriões e que são totipotentes, ou seja, têm o potencial de produzir o maior número de tecidos e órgãos do corpo; células-tronco adultas, que podem ser retiradas de diversas partes do corpo em sua fase adulta e são multipotentes, isto é, ainda que consigam transformar-se nos tecidos ou órgãos em que residem, são mais limitadas em relação às totipotentes. Os problemas éticos que envolvem essas pesquisas são relacionados às células-tronco embrionárias, pois utilizá-las na regeneração de tecidos e órgãos danificados implica a destruição do embrião e, consequentemente, de um projeto de vida humana, o que pode ser considerado pelo grupo dos que são contra essas pesquisas como uma prática abortiva.

2. O objetivo da questão é fazer com o que o leitor treine sua habilidade de síntese, procurando destacar os aspectos mais relevantes dos conceitos estudados no capítulo. As três técnicas implicam problemas morais que contrariam alguns aspectos religiosos acerca da interferência do homem na reprodução. Em geral, a moral religiosa, que está impregnada nas sociedades ocidentais, vê a reprodução como algo natural (natureza concedida gratuitamente por Deus) e considera que interferir nesse processo natural seria uma afronta a Deus – se as pessoas não conseguem procriar naturalmente, talvez não tenham recebido de Deus a graça de ter uma prole.

3. O objetivo da questão é levar o aluno a descrever o conceito de eutanásia, entendido em seu sentido etimológico como *boa morte* (*eu* + *thanatos*). De modo geral, a eutanásia é um artifício no qual a vida do paciente é abreviada, pelo motivo de encontrar-se acometido de uma doença incurável e em estágio terminal. Com a eutanásia, as pessoas procuram evitar o sofrimento do paciente em estado terminal e garantir a condição da dignidade humana. Quando se resolve deixar que o paciente em estado terminal padeça de forma natural, trata-se de eutanásia passiva; quando se utiliza uma última medicação que, mesmo indolor (em virtude da alta concentração de sedativo), termina por levar o paciente a óbito, trata-se de eutanásia ativa.

Há também outra classificação: eutanásia voluntária, involuntária e não voluntária. A primeira diz respeito a acatar o desejo do paciente que pede a alguém que o auxilie na abreviação de sua vida – não se difere do suicídio assistido. Na eutanásia involuntária, o paciente não dá seu consentimento expresso, porque não convém perguntar-lhe (por exemplo, nos casos em que o paciente está em coma ou ainda por conta de uma doença que o impede de comunicar sua vontade), mas, se lhe fosse feita a questão, ele consentiria – é sobre esse tipo de eutanásia que repousa grande parte do dilema moral desse modo de agir. Por fim, há também a eutanásia não voluntária, na qual o paciente, pelo seu estado ou condição, não tem possibilidade de consentir ou não com o encerramento da sua vida – são os casos de morte cerebral ou de bebês que não desenvolvem a habilidade de entendimento.

sobre os autores

Antonio Djalma Braga Junior é filósofo e historiador. Doutor e mestre em Filosofia pela Universidade Federal do Paraná (UFPR); especialista em Filosofia da Educação e em Estética e Filosofia da Arte pela UFPR. Escritor com cinco livros publicados nas áreas da educação, filosofia e ética e com inúmeras publicações em artigos de revistas e jornais de circulação regional e nacional, além de possuir várias publicações em periódicos científicos. É professor universitário, diretor do Instituto de

Tecnologia e Inovação Cidade Smart, fundador da Planejando Sonhos e consultor associado na Sabre EdTech.

Ivan Luíz Monteiro é doutor em Filosofia; graduado e especialista em Filosofia da Educação. Professor do Ensino Superior e do Ensino Médio, atua como palestrante nas temáticas de Educação; Filosofia; História e Cultura Africana e Afro-brasileira.

A Escola de Atenas (Scuola di Atene)
Raphael Sanzio, 1509-1510
afresco, 500 × 770 cm
Stanza della Segnatura, Palácio Apostólico
Cidade do Vaticano

Impressão:
Junho/2023